척척박사 오토봇이 들려주는

로봇과 인공지능

폴 비르 글

로마에 살아요. 과학과 기술을 포함해 모든 주제로 어린이책을 씁니다. 스템(STEM) 대사로 일하면서 아이들한테서 과학과 공학을 많이 배웠어요. 아이들은 과학 워크숍에서 언제나 아주 기발하고 어려운 질문들을 많이 던지니까요.

해리엇 러셀 그림

일러스트레이터예요. 『기후와 날씨』와 베스트셀러 『과학자처럼 생각하고 실험하는 과학 놀이』를 포함해 열 권 이상의 어린이책에 그림을 그렸어요. 런던에 살아요.

제임스 로이드 자문

과학 커뮤니케이터이자 저널리스트예요. 영국 인공 지능 및 데이터 과학 국립 연구 기관인 앨런 튜링 연구소에서 과학 작가로 일해요.

어린이 친구들, 만나서 반가워!
내 이름은 오토봇이야.
내 로봇 친구들을 소개할게.
아마 너희들이 생각했던 것과는
다르게 생긴 로봇도 있을 거야.
나처럼 수다스럽지도 않고 말이지.
하지만 자기 일에서만큼은 모두 최고란다.

조은영 옮김

과학책을 옮기는 번역가예요. 서울대학교 생물학과를 졸업하고 서울대학교 천연물과학대학원과 미국 조지아 대학교에서 석사 학위를 받았어요. 『팩토피아』, 『10퍼센트 인간』, 『새들의 방식』, 『언더랜드』, 『코드 브레이커』, 『뛰는 사람』, 『세상을 연결한 여성들』 등을 옮겼어요.

배준범 감수

울산과학기술원(UNIST) 기계공학과 교수예요. 서울대학교 기계항공공학부를 졸업하고, 캘리포니아대학교 버클리에서 기계공학, 통계학 석사, 기계공학 박사 학위를 받았어요. 인간-로봇 상호작용 시스템, 웨어러블 로봇, 소프트 로봇을 연구하고, 세계 아바타 로봇 대회에 출전하여 좋은 성적을 거뒀어요.

척척박사 오토봇이 들려주는

로봇과 인공지능

폴 비르 글
해리엇 러셀 그림
제임스 로이드 자문
조은영 옮김
배준범 감수

북극곰

어떤 내용이 들어 있을까?

로봇을 소개합니다

- **6** 로봇: 사실일까, 공상일까?
  생활 속 로봇에 대한 오해 풀기

- **8** 그래서 로봇이 뭐야?
  로봇의 특징

- **10** 로봇을 찾아라!
  탐정이 되어 로봇을 찾아보자

- **12** 최초의 로봇
  세상을 놀라게 한 2000년 전의 로봇

로봇의 사고방식

- **22** 로봇에게도 뇌가 있을까?
  프로그래머가 로봇에게 '두뇌'를 주는 방법

- **24** 로봇을 탄생시킨 사람들
  최초의 프로그래머

- **26** 로봇을 어떻게 프로그래밍할까?
  로봇의 알고리즘

로봇을 만드는 방법

- **14** 로봇 공작소
  폴짝 뛰는 개구리 오토마타 만들기

- **16** 로봇의 동작 부위
  로봇을 움직이게 하는 장치

- **18** 로봇의 손
  로봇이 물건을 붙잡는 방법

- **20** 로봇은 어떻게 감각을 느낄까?
  로봇 감지기(센서) 이해하기

로봇이 하는 일

- **28** 사람의 일을 대신하는 로봇
  어렵고 더럽고 힘든 일을 하는 로봇

- **30** 병원에서 일하는 로봇
  우리의 건강을 지켜 주는 로봇

- **32** 로봇 슈퍼히어로
  위험과 싸우는 로봇

- **34** 자연을 닮은 로봇
  자연에서 착안한 로봇 디자인

- **36** 우주에서 활약하는 로봇
  우주를 탐험하는 로봇

로봇 대 인간

- **38** 인공 지능(AI)이 뭐야?
  생각하는 컴퓨터 프로그래밍

- **40** 인간을 이긴 인공 지능
  뛰어난 로봇 게이머들

- **42** 인간을 닮은 로봇
  휴머노이드와 안드로이드

- **44** 인간을 보살피는 로봇
  감정을 흉내 내는 로봇

로봇의 예체능

- **46** 인공 지능이 창작한 예술
  예술 작품을 만드는 로봇

- **48** 로봇의 공연
  즐거움을 주는 로봇

- **50** 로봇 운동선수
  로봇 선수와 로봇 코치

로봇과 미래 사회

- **52** 도로 위의 로봇
  무인 자동차의 작동 원리

- **54** 미래의 로봇
  질병을 고치는 로봇, 화성에 가는 로봇

- **56** 로봇이 세상을 지배한다면?
  로봇이 정말로 사람을 지배할 수 있을까?

- **58** 역사를 빛낸 로봇들
  로봇의 변천사

- **60** 낱말 풀이
  로봇과 관련된 낱말들

- **62** 정답을 알려 주세요!

- **63** 찾아보기

로봇을 소개합니다

로봇: 사실일까, 공상일까?

모두 로봇이 뭔지는 알고 있을 거예요.
로봇은 걷고 말하는 놀라운 기계예요. SF 영화에서 지구를 장악하는 로봇처럼요.

천하무적!
부서지지 않는!
놀라운 능력의 소유자!
로봇

눈에서 레이저빔이 나와요.

생각하고, 말하고, 인간을 이해할 수 있지요.

로봇의 뇌는 컴퓨터로 되어 있어요. 그래서 정말 똑똑하지요.

초강력 팔다리가 있어요.

금속으로 만들어진 몸은 쉽게 부서지지 않아요.

뛰고, 싸우고, 날고, 다른 모양으로 변신할 수 있어요.

이처럼 인간의 모습을 한 로봇을 '휴머노이드'라고 불러. 휴머노이드는 미래 세계를 그린 영화에 많이 등장하지만 사실 대부분의 로봇은 전혀 사람처럼 생기지 않았어.

생활 속 로봇

로봇은 영화 속 가상의 등장인물이 아니라 여러분 주변에 실제로 있어요.
하지만 레이저로 공격하지는 않을 테니 겁내지 마세요.
대부분의 로봇은 특별히 한 가지 일을 잘하도록 만들어졌어요.
아마 진짜 로봇이 나오는 영화는 별로 재미없을 거예요.

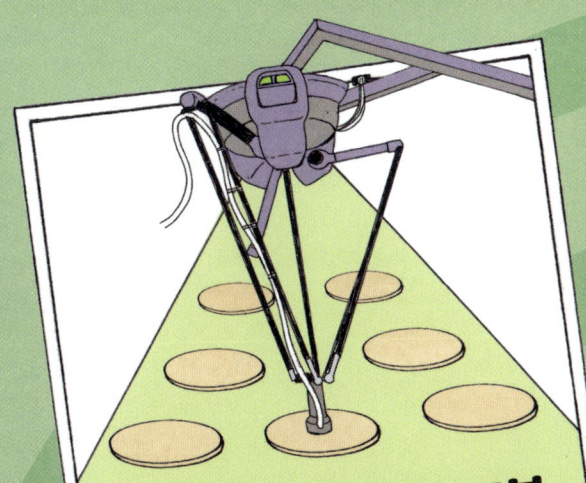

공장에서 일하는 로봇

과자 공장의 로봇은
온종일 과자 반죽만 찍어 내요.

우주 로봇의 화성 탐사

우주 탐사 로봇은 몇 년이나 쉬지 않고
암석에 구멍을 뚫어
표본을 채취하고 실험을 하지요.

시간을 다투는 배달 로봇

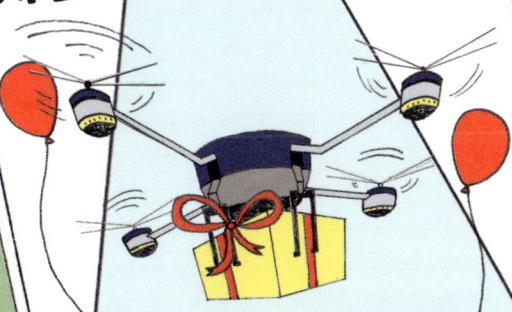

배달 로봇은 하루 종일
정신없이 물건을 배달해요.
이 집 저 집 바쁘게 돌아다니지요.

자동 고양이 화장실

자동 고양이 화장실은
이미 판매되고 있어요. 고양이가 쉬나
응가를 하면 로봇이 알아서 치워 준답니다.

로봇을 소개합니다

그래서 로봇이 뭐야?

로봇이 뭔지 잘 모르겠다고요? 걱정하지 마세요. 로봇 전문가들도 아직 그 수수께끼를 푸는 중이니까요.

알아야 할 사실들

기계, 컴퓨터, 로봇을 구분하는 건 쉬운 일이 아니에요.
로봇의 가장 중요한 특징을 살펴볼까요?

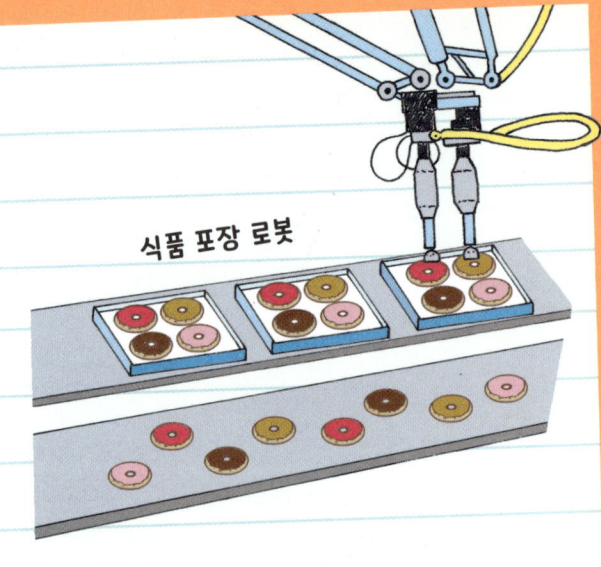
식품 포장 로봇

1. 로봇은 **일을 해요.** 사람이 하기는 너무 위험하거나 더럽거나 지루한 일을 하지요.

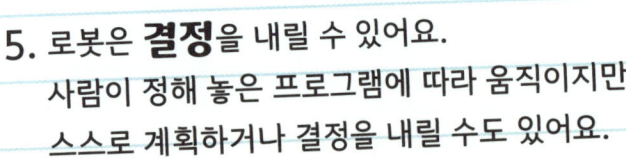
페인트 분사 로봇

2. 로봇은 **움직일 수** 있어요. 어떤 건 몸의 일부만, 어떤 건 몸 전체가 동작하지요.

3. 로봇은 주위 환경을 **감지하고** 거기에 따라 반응해요.

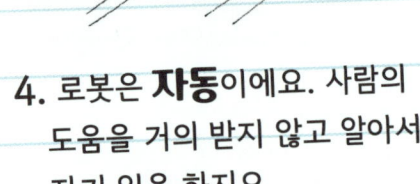
로봇 청소기

4. 로봇은 **자동**이에요. 사람의 도움을 거의 받지 않고 알아서 자기 일을 하지요.

무인 자동차

5. 로봇은 **결정**을 내릴 수 있어요. 사람이 정해 놓은 프로그램에 따라 움직이지만 스스로 계획하거나 결정을 내릴 수도 있어요.

로봇 강아지도 몸을 긁더라?

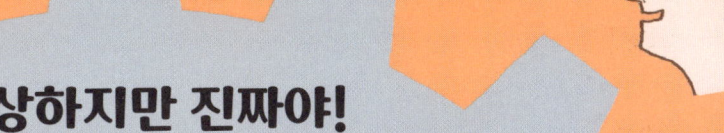
로봇 진드기가 있나 봐.

이상하지만 진짜야!

'로봇'이라는 말은 체코 공화국의 극작가 카렐 차페크라는 사람이 처음 사용했어요. 차페크가 쓴 SF 연극 R.U.R.에는 사람을 위해 힘들고 따분한 일을 대신해 주는 인공 노동자가 나와요. **'로보타'**는 체코어로 '강제 노동'이라는 뜻이에요.

죽은 파리나 썩은 식물, 심지어 사람의 대변에서 동력을 얻는 **친환경 로봇**이 연구되고 있어요.

혹시 이 책을 읽으면서 진땀이 나거나 불안하거나 어지러운 사람이 있나요? 그렇다면 그건 **로봇 공포증** 때문이에요. 로봇과 관련된 모든 것에 이유 없이 공포를 느끼는 증상이지요.

최초의 로봇 올림픽은 1990년에 스코틀랜드 글래스고에서 열렸어. 12개국에서 68개 로봇이 참가해서 벽 타고 올라가기, 막대 균형 잡기, 투창 던지기 같은 경기를 겨루었지.

로봇을 소개합니다

로봇을 찾아라!

이제 우리 함께 로봇 탐정이 되어볼까요?
다음 중에서 **로봇**과 **로봇이 아닌 것**을 한번 구분해 보세요.
아래의 체크 리스트가 도움이 될 거예요.

로봇 탐정 체크 리스트

1. 기계인가요?
2. 해야 할 일을 사람이 프로그래밍하나요?
3. 움직이나요?
4. 주변 환경을 감지하나요?
5. 스스로 결정을 내릴 수 있나요?
6. 자동으로 작동하나요?

위의 질문에 '네'라는 대답이 많이 나올수록
로봇일 가능성이 커요.
정답은 62쪽에서 확인하세요.

1
자판기
자판기는 기계이고 동작하는 부분이 있지요.
그렇다고 자판기가 로봇일까요?

5
자동 잔디깎이
다른 로봇들처럼 사람이 하기 싫어하는
일을 하지요.

6
자율 주행 자동차
사실은 위장 로봇이 아닐까요?

7
원격 조종 보트
움직이기는 하지만 사람이 조종해요.
그렇다면 누가 결정을 내리는 걸까요?

로봇인지 아닌지 많이 헷갈리지?
일상의 많은 도구와 장치가
로봇의 능력을 조금씩 갖추고 있거든.
물론 나는 100퍼센트 순수 로봇이란다.

2
주차 차단기
자동차가 가까이 다가오면 감지하고
차단 바를 올려요.

3
세탁기
양말과 옷을 빨아요.
그렇다면 기계로 변장한 로봇일까요?

4
드론
움직일 수 있어요. 하지만
스스로 결정을 내릴 수 있을까요?

8
컴퓨터
여러 가지 일을 하도록
프로그래밍할 수 있어요.
그렇다면 로봇일까요?

9
스마트 스피커
명령을 이해하고 질문에 답도 해요.
하지만 움직이지는 않아요. 음….

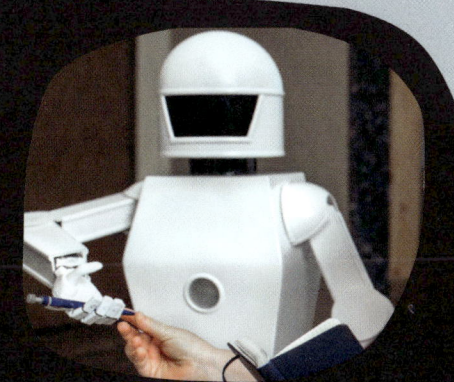

10
의료 기계
성능과 이동에 관련된
어려운 시험을 통과했어요.
어때요, 로봇 같나요?

로봇을 소개합니다

최초의 로봇

정보마당

전기가 없던 2000년 전에도 로봇은 있었어요.
세상을 놀라게 한 최초의 로봇, 오토마타!

오토마타는 마치 살아 있는 것처럼 움직이는 기계야.
무게 추, 물, 증기, 진자, 태엽에서 동력을 얻지.
주로 사람이나 동물 모양으로 만들었어.

1900년 전 알렉산드리아의 공학자이자 수학 천재였던 발명가 헤론은 **자율 주행 수레**를 발명했어요. 무게 추가 떨어지는 힘으로 움직이고 프로그래밍도 할 수 있었어요. 자율 주행 자동차가 나타나기 한참 전이지요.

약 800년 전 중세 시대 발명가 알 자자리는 **기발한 로봇 코끼리 시계**를 고안했어요. 30분마다 새 한 마리가 뱅글뱅글 돌고 뱀이 움직이고 코끼리 운전사가 심벌즈를 쳤지요.

뎅! 뎅!

누구나 인정하는 천재 발명가
레오나르도 다 빈치는 500여 년 전에
로봇 기사를 설계했어요.
갑옷 안에서 작동하는 장치가
기사의 몸을 움직이고
면갑을 들어 올리기까지 했지요.

철퍼덕!

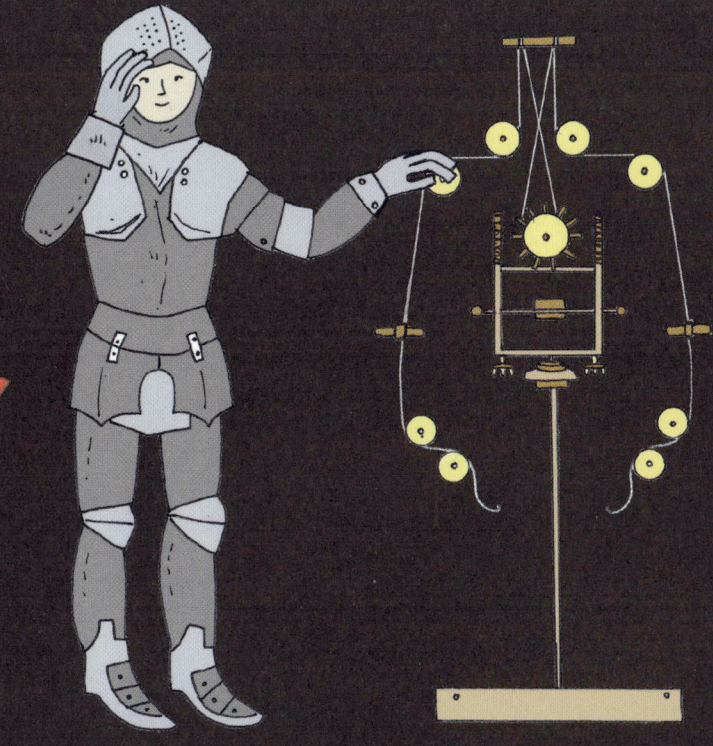

1730년대에 자크 드 보캉송은
놀라운 오토마타를 많이 만들었어요.
그중에는 탬버린을 치는 사람과 음식을
소화하는 로봇 오리가 있었어요.
이 오리는 날개를 퍼덕거리고 곡식의 낱알을
먹은 다음에는 똥을 누었답니다.

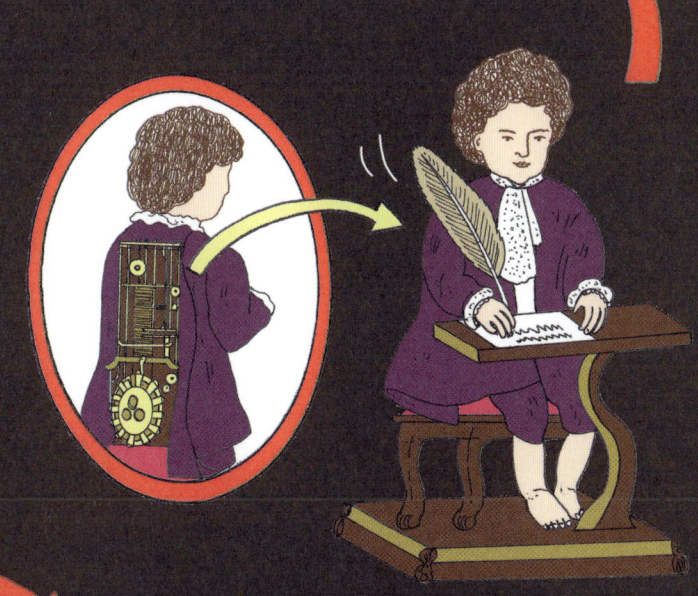

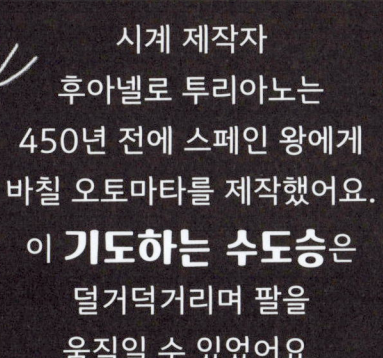

위잉

시계 제작자
후아넬로 투리아노는
450년 전에 스페인 왕에게
바칠 오토마타를 제작했어요.
이 **기도하는 수도승**은
덜거덕거리며 팔을
움직일 수 있었어요.

1700년대에 시계학자 피에르 자케 드로와
그의 아들 앙리-루이 그리고 장 프레데릭 레쇼트는
사람처럼 생긴 놀라운 오토마타를 제작했어요.
필기사라는 이름의 이 오토마타는 어린 소년이
깃털 펜과 진짜 잉크로 글씨를 써요.

13

로봇을 만드는 방법

로봇 공작소
간단한 기계 장치로 로봇을 만들어 움직일 수 있어요!

똘똘하게 알아보기: 캠 작동 원리

오토마타는 **캠**이라는 회전 원판을 사용해서 몸을 움직여요. 캠이 방향을 바꿀 때 **캠 팔로워**가 위로 올라가거나 내려가지요.

캠의 모양에 따라 움직이는 동작이 달라져요. 그게 바로 기계를 프로그래밍하는 방식이에요!

달걀 모양의 캠: 매끄러운 상하 동작

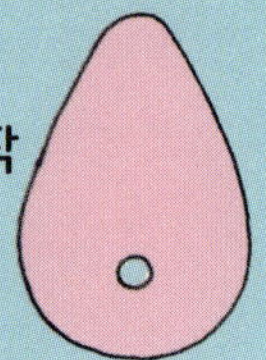

달팽이 모양의 캠: 천천히 올라갔다가 뚝 떨어지는 동작

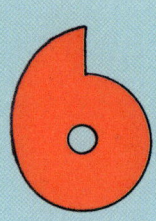

연주자의 팔이 위로 올라가다가 캠 팔로워가 캠에서 떨어질 때 팔도 함께 아래로 툭 떨어져요.

캠 팔로워

캠

핸들

팔이 떨어지는 지점

오토마타가 처음 만들어졌을 때는 전기가 없어서 태엽이나 떨어지는 추를 이용해서 캠을 돌렸어. 오늘날에도 로봇을 만들 때 캠과 캠 팔로워를 사용하지만 부품이 훨씬 향상되었지.

폴짝 뛰는 개구리 오토마타 만들기

준비물
· 두꺼운 종이 · 연필과 가위 · 스카치테이프 · 볼펜 · 직사각형의 빈 휴지 상자(한쪽 면은 잘라냄)
· 나무 꼬치 2개 · 4cm짜리 종이 빨대 · 놀이용 점토

1. 두꺼운 종이에 개구리, 캠, 캠 팔로워를 그리고 가위로 자르세요.
아래 그림처럼 캠 팔로워를 접은 다음 테이프로 붙여서 고정시키세요.

개구리

캠 팔로워   접은 캠 팔로워

구멍   달걀 모양의 캠

2. 볼펜 끝으로 캠에 구멍을 뚫으세요.

3. 휴지 상자 양쪽에 구멍을 뚫고, 나무 꼬치를 한쪽으로 넣어 캠이 가운데 오도록 꽂은 다음 반대편 구멍으로 빼내세요.

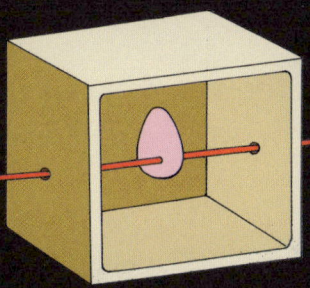

나무 꼬치에 테이프로 개구리 붙이기

빨대

4. 상자 위에 구멍을 뚫고 빨대를 밀어 넣으세요. 위로 1cm 정도 나오면 돼요.

5. 빨대 구멍에 빨대보다 약간 긴 나무 꼬치를 넣으세요. 그림처럼 접어 둔 캠 팔로워에 놀이용 점토로 잘 고정시키세요.

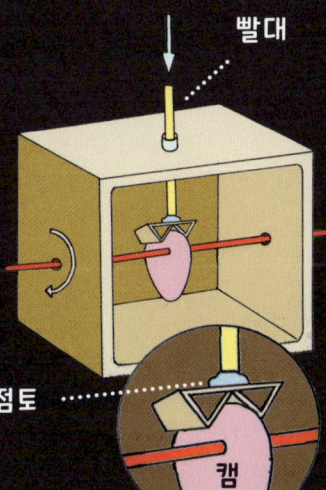

빨대
놀이용 점토
캠

접은 캠 팔로워를 캠 위에 올려놓기

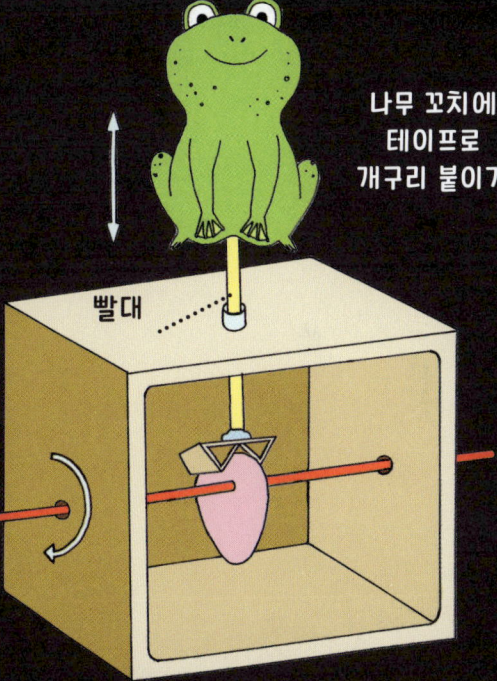

6. 나무 꼬치에 테이프로 개구리를 붙이세요. 이제 나무 꼬치 캠을 돌려 보세요. 어때요? 개구리가 폴짝폴짝 잘 뛰고 있나요?

팁: 빨대를 캠 팔로워에 고정할 때 놀이용 점토를 사용하세요.

로봇을 만드는 방법

로봇의 동작 부위

현대 로봇들은 바퀴, 회전자, 로봇 팔다리나 추진기를 사용해서 움직이는데, **작동기**(액추에이터)라고 불리는 장치로 가동해요. 로봇을 움직이는 부품들을 살펴보세요.

바퀴는 평지에서 가장 잘 작동해요. 바퀴의 속도를 조절해서 스스로 방향을 바꿀 수 있답니다.

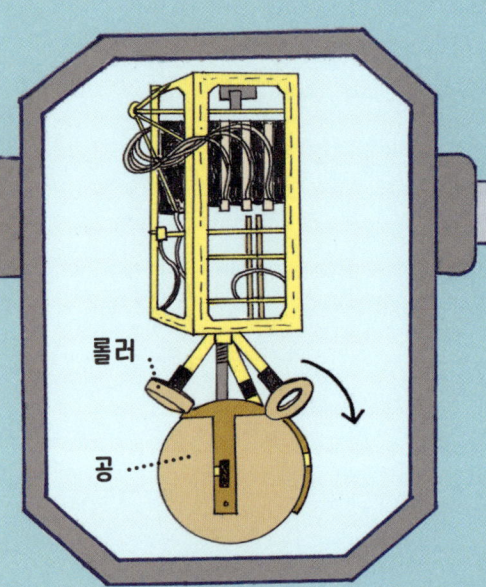

볼봇은 매끄러운 표면을 굴러다니도록 설계되었어요. 롤러로 공을 굴려서 로봇을 움직이고 방향도 바꾸지요.

무한궤도 바퀴는 울퉁불퉁한 땅에서도 잘 돌아다녀요. 이렇게 강력한 바퀴가 달린 로봇은 지진 같은 재난이 일어난 곳에서 사람들을 구할 수 있어요.

로봇을 만드는 사람들은 자연에서 아이디어를 얻기도 해. 그런 걸 **생체 모방**이라고 하지. 다음 동물을 보고 이 페이지에 나오는 로봇의 동작 부위 중 각각 어떤 것에 영감을 주었는지 찾아보렴. 정답은 62쪽에서 확인해 봐.

이족 보행 로봇은 기계 근육으로 다리를 움직이게 설계되었어요. 균형을 잡기가 어려워요!

다리가 많을수록 균형을 쉽게 잡을 수 있어요. 곤충처럼 생긴 이 헥사포드 로봇은 6개의 다리로 빠르게 움직이지요.

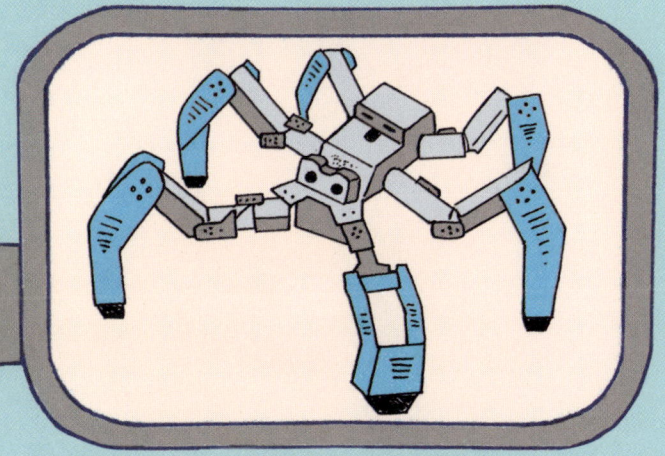

야생 동물 위장 로봇

로봇 물고기는 물속에서 **지느러미**와 꼬리를 움직여 이동해요.

심해 탐사 로봇

프로펠러는 잠수함 같은 수중 로봇에서 사용해요. 하늘에서도 프로펠러 추진식 드론이 곧 소포를 배달하게 될 거예요.

추진기는 우주 임무를 수행하는 인공위성이나 우주 탐사정에 사용되고 있어요.

인공위성

>>> 생체모방에 대해 더 자세하게 알고 싶다면 34~35쪽을 읽어 보세요.

로봇을 만드는 방법

로봇의 손

로봇은 다양한 방식으로 물건을 잡을 수 있어요.

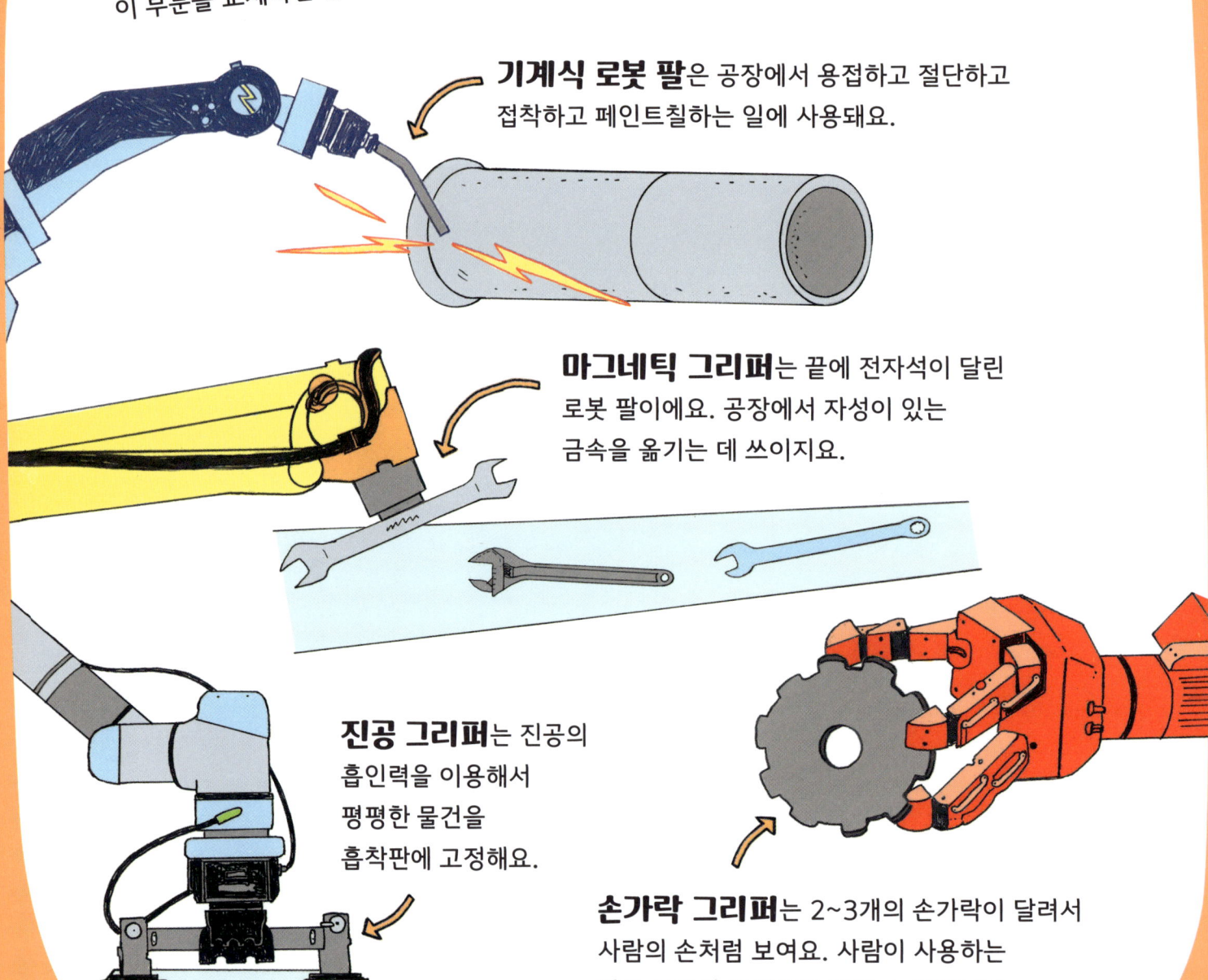

똘똘하게 알아보기: 엔드 이펙터

로봇의 손을 **엔드 이펙터** 또는 말단 장치라고 불러요. 이 부분을 교체하면 물건을 붙잡고 들어 올리는 일과 다양한 엔지니어링 작업을 할 수 있답니다.

기계식 로봇 팔은 공장에서 용접하고 절단하고 접착하고 페인트칠하는 일에 사용돼요.

마그네틱 그리퍼는 끝에 전자석이 달린 로봇 팔이에요. 공장에서 자성이 있는 금속을 옮기는 데 쓰이지요.

진공 그리퍼는 진공의 흡인력을 이용해서 평평한 물건을 흡착판에 고정해요.

손가락 그리퍼는 2~3개의 손가락이 달려서 사람의 손처럼 보여요. 사람이 사용하는 각종 도구와 물건으로 일할 수 있답니다.

로봇 손 만들기

준비물

· 연필 · 두꺼운 종이 · 가위 · 종이 빨대 · 스카치테이프 · 끈

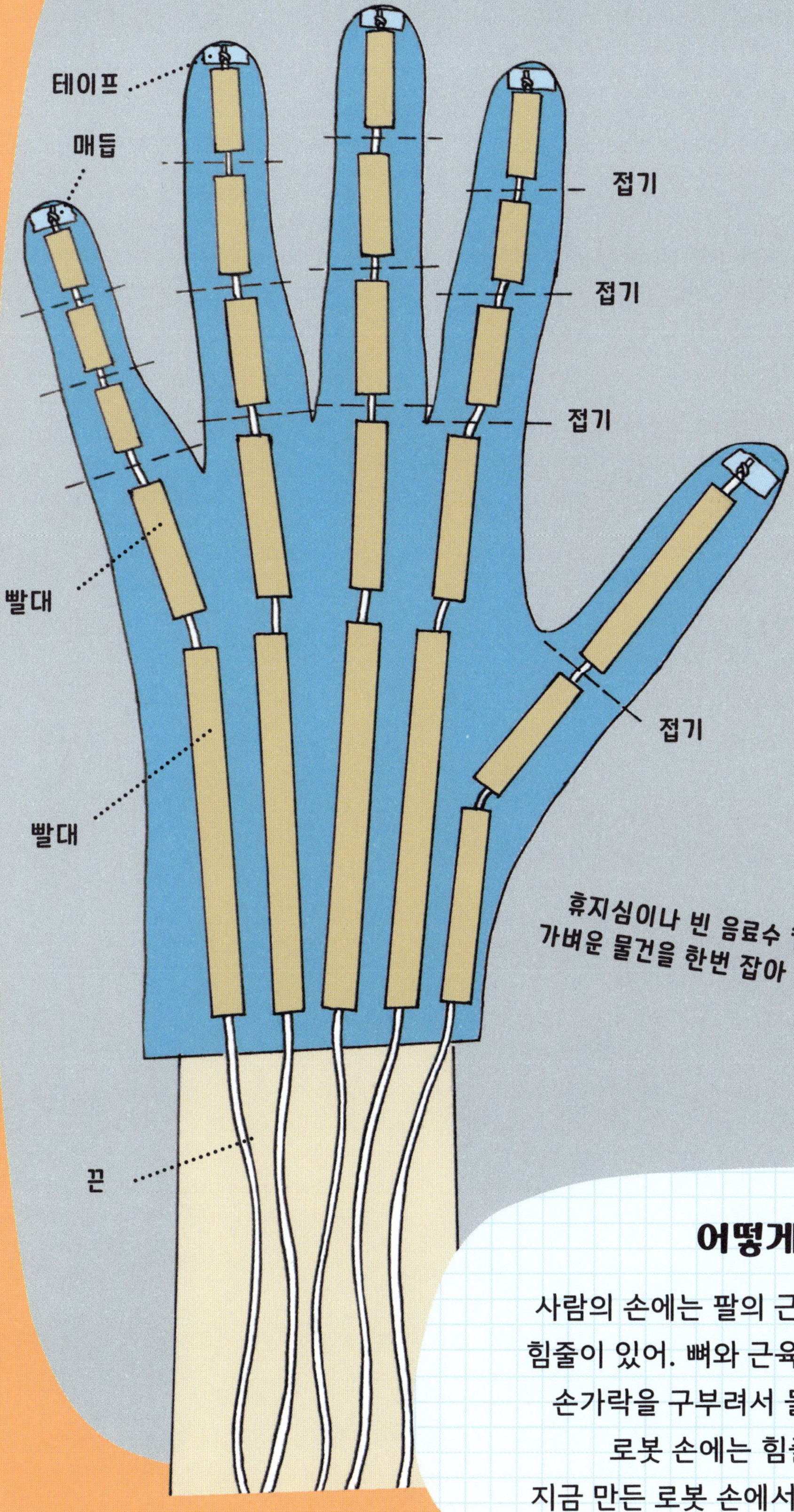

1. 두꺼운 종이에 손을 대고 손가락과 손목을 그린 다음 가위로 자르세요.

2. 왼쪽의 그림처럼 손가락의 마디 부위를 접으세요.

3. 빨대를 몇 조각으로 잘라서 손가락 마디마다 테이프로 하나씩 붙이세요. 엄지손가락에는 하나면 돼요.

4. 그림처럼 손바닥에는 총 10개의 긴 빨대 조각들을 테이프로 붙이세요.

5. 손가락마다 끝에서부터 빨대 구멍에 끈을 통과시켜 손목으로 빼내세요. 손가락 끝에서 매듭을 지은 다음 각각 테이프로 붙여서 고정시키세요.

6. 자, 이제 손목 쪽에서 끈을 잡아당기면 손가락이 오므라들 거예요.

휴지심이나 빈 음료수 캔처럼 가벼운 물건을 한번 잡아 보세요.

어떻게 된 걸까?

사람의 손에는 팔의 근육과 손가락뼈를 연결하는 힘줄이 있어. 뼈와 근육과 힘줄이 지렛대의 원리로 손가락을 구부려서 물건을 잡을 수 있게 하지. 로봇 손에는 힘줄 대신 전선이 있어. 지금 만든 로봇 손에서는 끈이 그 역할을 한 거야.

로봇을 만드는 방법

로봇은 어떻게 감각을 느낄까?

로봇은 우리와 다르게 감각 기관이 없기 때문에 주변 환경의 정보를 모으려면 **감지기**(센서)가 필요해요. 사람에게는 다섯 가지 감각이 있지만 로봇은 필요한 감지기만 장착해요.

청각

로봇은 마이크로 소리 신호를 포착해요.

마이크

시각

로봇은 카메라와 빛 감지 장치로 앞을 볼 수 있어요. 주위의 지도를 그릴 때는 레이저를 사용한답니다.

디지털카메라 빛 감지기

광전지 감지기

후각과 미각

로봇은 화학 물질 감지기를 통해 후각과 미각을 느껴요.

촉각

로봇은 촉각과 압력 감지기 덕분에 몸에 닿거나 부딪히는 것을 느낄 수 있어요. 압력 감지기는 망가지기 쉬운 물건도 로봇 손으로 다룰 수 있게 해 주지요.

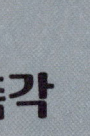

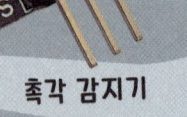
촉각 감지기

일산화탄소 감지기

알고 있나요?

로봇은 자이로센서, 기울기 감지기 그리고 가속도계를 작동해서 자신이 움직이는지 멈췄는지 알 수 있어요.

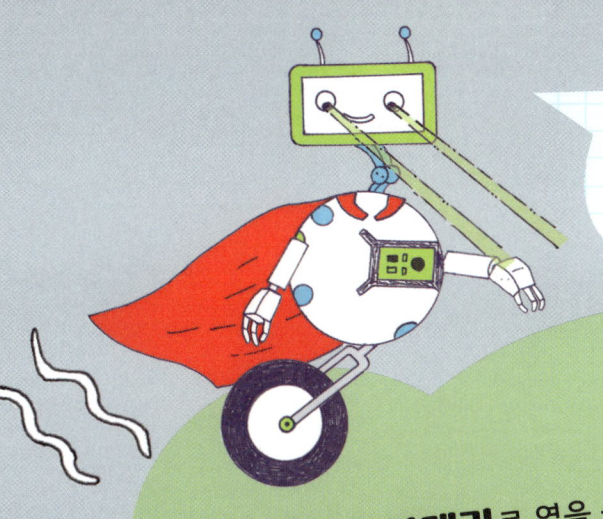

어떤 감지기는 사람의 감각 기관을 흉내 내. 하지만 엑스레이 투시처럼 사람에게는 없는 초능력을 가진 감지기도 있지.

초감각

로봇은 **적외선 카메라**로 열을 볼 수 있어요. 깜깜한 어둠 속에서도 살아 있는 생명체를 감지하지요!

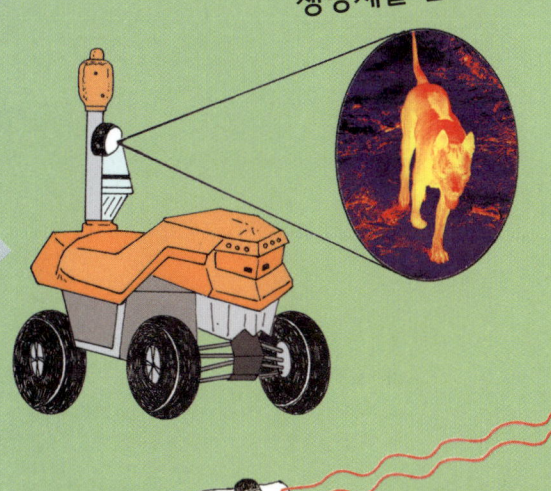

로봇은 **가스 탐지기**로 사람이 느끼지 못하는 유독 가스가 새는 것을 알 수 있어요.

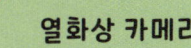
열화상 카메라

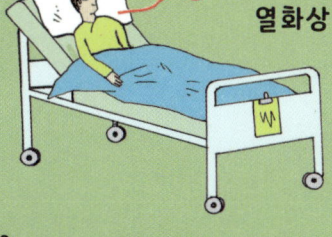

생체 인식 센서는 몸의 다양한 상태를 측정하는 도구예요. 의료용 로봇은 환자의 체온을 측정해 열이 있는지 확인할 수 있어요. 정말 멋지지요?

근접 센서는 실제로 만지지 않아도 물체가 가까이 있다는 것을 알려줘요.

나는 방향 감각이 없어.

그렇다면 너는 좌뇌형 인간이야.

21

로봇의 사고 방식

로봇에게도 뇌가 있을까?

로봇은 자기가 해야 할 일을 어떻게 알고 있을까요? 사람처럼 **뇌**가 있어서 생각할 수 있는 걸까요?

로봇의 모든 동작 부위와 감지기들은 내부의 **마이크로 제어 장치**라고 하는 작은 컴퓨터에 연결되어 있어요. 사람의 뇌와 가장 비슷한 부분이지요!

마이크로 제어 장치

컴퓨터 프로그래머

컴퓨터 코드

사실 컴퓨터는 생각을 하지 못해요. **프로그래밍된** 대로 지시를 따를 뿐이랍니다.

프로그래머는 컴퓨터가 해야 할 일을 하나하나 지시해 줘요. 그걸 **코드**라고 해요. 코드는 컴퓨터가 사용하는 언어인 셈이지요.

어떤 로봇은 문제를 해결하고 감지기에 반응하여 결정도 내리지. 그렇다고 로봇의 마이크로 제어 장치가 인간의 뇌처럼 **생각**할 수 있는 건 아니야. 지금 내 옆에 있는 로봇 친구는 부서진 과자를 골라내는 일만 하지만 사람들은 어떤 걸 먹을지 선택할 수 있잖아.

불합격

두뇌의 정면 대결

사람과 로봇 중에 누가 더 똑똑한지 비교해볼까요?

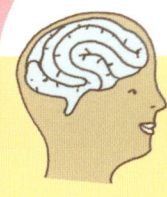 ## 사람

 ## 로봇

사람은 자신이 정한 목표에 따라 할 일을 결정하고, 꼭 해야 하는 일을 해요.

로봇은 사람이 지정한 일만 할 수 있어요.

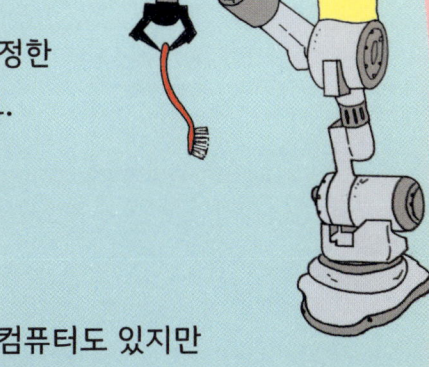

정보를 기억하고 새로운 기술을 배울 수 있어요.

스스로 학습하는 컴퓨터도 있지만 입력된 정보가 제한되어 제대로 배우지 못할 때도 있어요.

정보가 부족해도 문제를 해결할 수 있지요.

아무리 똑똑한 로봇이라도 사람이 시키는 대로 행동해야 해요.

 뇌가 팽팽 잘 돌아가면?

빠짐없이 기억할 수 있겠지!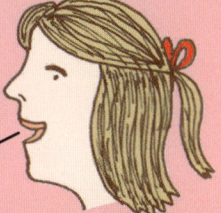

로봇의 사고 방식

로봇을 탄생시킨 사람들

최초의 컴퓨터를 발명한 슈퍼 두뇌들을 만나러 시간 여행을 떠나 보세요.
대형 컴퓨터, 암호 해독기 그리고 0과 1로만 된 언어

1679년에 수학 천재 고트프리트 라이프니츠는 이진법을 개발했어요. 0과 1로만 이루어진 일종의 숫자 언어지요. 오늘날 이진법은 모든 컴퓨터에서 사용되고 있답니다.

알고 있나요?
1679년을 이진법으로 나타내면 11010001111이랍니다.

내가 제일 좋아하는 숫자는 0과 1이라오.

고트프리트 라이프니츠

찰스 배비지

내가 만든 컴퓨터는 미완성된 걸작이지, 에헴!

캠

발명가 찰스 배비지를 소개할게요. 배비지는 1837년에 해석 기관을 설계했어요. 실제로 제작되지는 못했지만 완성되었다면 세계 최초로 **프로그래밍이 가능한 컴퓨터**가 되었을 거예요.

저기 봐요! 캠이네요. 오토마타에서 봤었지요?

<<< 캠으로 프로그래밍하는 방법을 알고 싶다면 14쪽을 다시 살펴보세요.

앞으로 새로운 시대가 열릴 거예요!

에이다 러브레이스

수학자 에이다 러브레이스가 찰스 배비지의 연구를 도왔고, 배비지는 천공 카드로 컴퓨터를 프로그래밍하는 방법을 알아냈어요. 최초의 **컴퓨터 프로그램**이었지요.

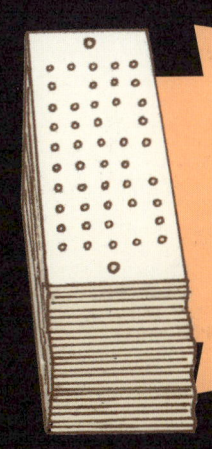

천공 카드에 구멍이 있는지 없는지로 이진법의 0과 1을 표시하여 컴퓨터를 프로그래밍해요.

이 컴퓨터 진짜 거대하다!

다행히 지금은 컴퓨터 프로그래머들이 종이에 일일이 구멍을 뚫거나 연필로 수천 개의 0과 1을 직접 쓸 필요가 없어. 프로그래머가 코드를 쓰면 다른 프로그램이 알아서 이진법 코드로 바꿔주거든.

콜로서스는 제2차 세계대전 당시 암호 해독에 사용된 기계예요. 세계 최초의 **디지털 전자 컴퓨터**랍니다. 당시 컴퓨터에 사용된 전자 스위치를 밸브라고 하는데 콜로서스는 1,500개 이상의 밸브와 구멍이 뚫린 종이테이프로 프로그래밍을 했어요.

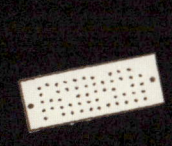

로봇의 사고 방식

로봇을 어떻게 프로그래밍할까?

로봇에게 집안일을 맡기려면 먼저 무슨 일을 어떻게 해야 하는지 알려 줘야 해요!

똘똘하게 알아보기: 알고리즘

알고리즘은 요리 레시피처럼 어떤 일을 순서대로 따라 할 수 있게 차근차근 알려주는 지시문이에요.

케이크를 구울 때는 레시피 순서대로 **정확히 따라 해야** 해요.

달걀 2개를 깨뜨려 넣고 잘 섞어 주세요.

레시피가 **정확**하지 않으면 케이크도 엉망이 되겠지요.

가장 높은 온도에서 하루 종일 구워요.

알고리즘이란?

로봇 안에 있는 컴퓨터가 문제를 해결하거나 다음에 할 일을 결정할 때 사용하는 지시문을 모아 놓은 것이 알고리즘이야.

로봇은 지시문이 시키는 대로 움직여요.
지시문만 올바르다면 로봇은 자기 일을 잘 해낼 거예요.

26

실험 마당

미로 탈출

로봇이 미로에서 탈출할 수 있도록 도와주세요!
출발에서 **도착**까지 가는 올바른 순서를 종이 위에 화살표로 그리면 된답니다.

프로그램 지시문

➡ 오른쪽으로 한 칸 이동	⬆ 위로 한 칸 이동
⬅ 왼쪽으로 한 칸 이동	⬇ 아래로 한 칸 이동

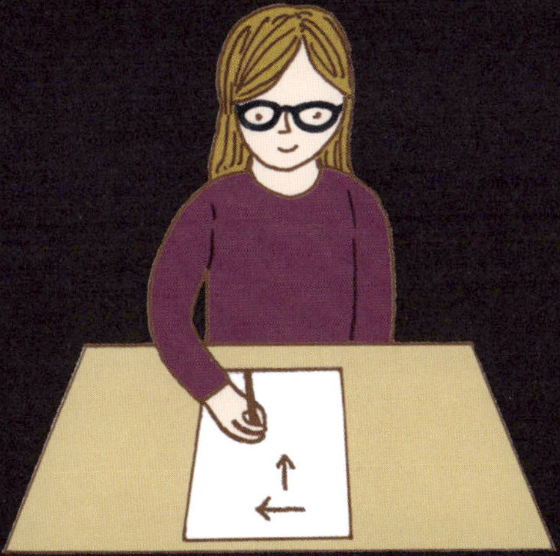

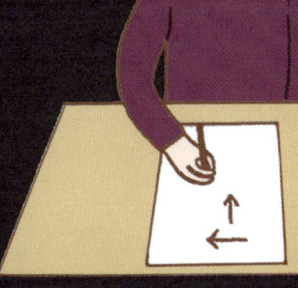

순서가 중요하다는 거 잊지 마세요.
정답은 62쪽에서 확인하세요.

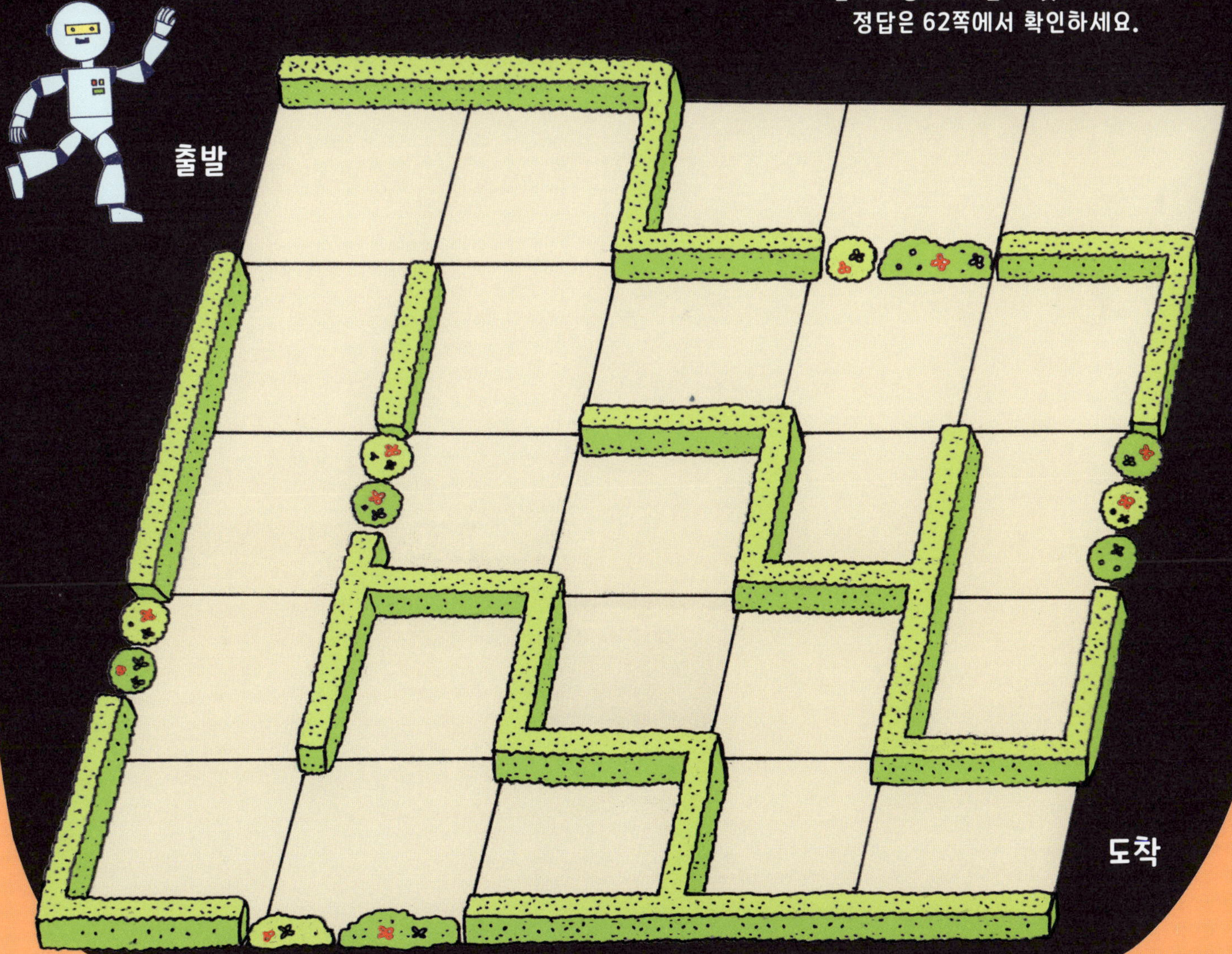

로봇이 하는 일

사람의 일을 대신하는 로봇

로봇은 일을 하기 위해 만든 기계예요. 그렇다면 로봇은 어떤 일을 할까요?

알아야 할 사실들

사람은 창의력이나 문제 해결력, 원활한 의사소통 등의 다양한 **능력**이 필요한 일을 아주 잘해요.

하지만 로봇은 **더럽거나 지루하거나 위험한 일**을 완벽하게 해내지요.

새 디자인이 준비됐어!

사람이 매일 잠을 자는 동안 로봇은 **쉬지 않고** 일해요. 공장에서 물건을 만들거나 물류 창고에서 무거운 짐을 운반하지요.

로봇의 장점

- 사람보다 힘이 세고 빨라요.
- 거의 실수하지 않아요.
- 지치지 않아요.
- 지루해하지 않아요.
- 더럽거나 위험한 일을 해도 다치지 않아요.
- 쉬지 않고 일해요.

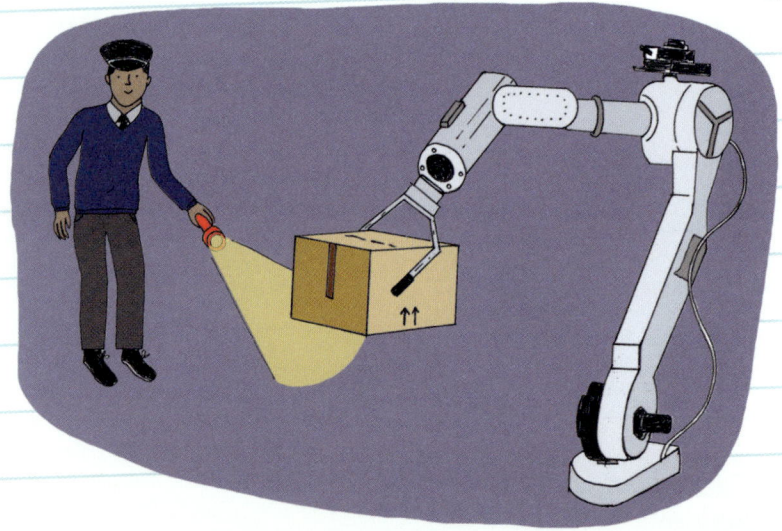

로봇은 더위나 추위도 **느끼지 않고**, 아프거나 배고프거나 목이 마르지도 않아요. 아주 깜깜한 곳에서도 일할 수 있어요.

로봇은 이런 일도 해요!

로봇 팔 유니메이트는 1961년에 제조된 최초의 산업용 로봇이에요. 자동차 공장에서 일하면서 사람이 하기에 위험하고 단순한 작업을 도맡아 했어요.

하수관 청소 로봇은 악취가 나는 오수관에 들어가서 커다란 지방 덩어리나 기저귀처럼 하수관을 막고 있던 쓰레기를 치우지요.

원격으로 조종하는 목동 로봇은 미국의 넓은 목장에서 로봇 팔로 깃발을 흔들며 고집불통 소들을 이리저리 몰고 다녀. 이랴 이랴!

음매!

로봇이 하는 일
병원에서 일하는 로봇
병균을 퇴치하고 부지런히 일하는 로봇이 병원에 나타났어요!

똘똘하게 알아보기: 의료용 로봇

지금 이 시간에도 각종 로봇이 병원에서 의사와 간호사를 돕고 있어요.

컴퓨터가 장착된 **청소 로봇**이 자외선램프로 병실을 살균해요. 로봇은 이런 직업에 아주 적합하지요. 자외선은 인간에게 해롭거든요.

의사가 실시간 영상으로 환자와 이야기를 나눠요.

로봇 의사?

의료용 로봇 덕분에 의사가 감염의 위험 없이 환자를 만날 수 있어요.

로봇은 사람과 달리 병균에 감염되거나 질병에 걸리지 않아. 그래서 병원에서 일하기에 적합하지. 보호 마스크를 쓰거나 보호 장비를 입지 않아도 되고 일을 마친 다음 청소하기도 쉬우니까!

로봇 수술

외과 의사는 까다로운 수술에 **로봇 팔**을 사용해요.
확대된 화면을 보면서 조종기를 움직이면 로봇이 아주 미세한 동작으로 따라 하지요.
그래서 몸속에서도 정확하게 수술할 수 있어요.

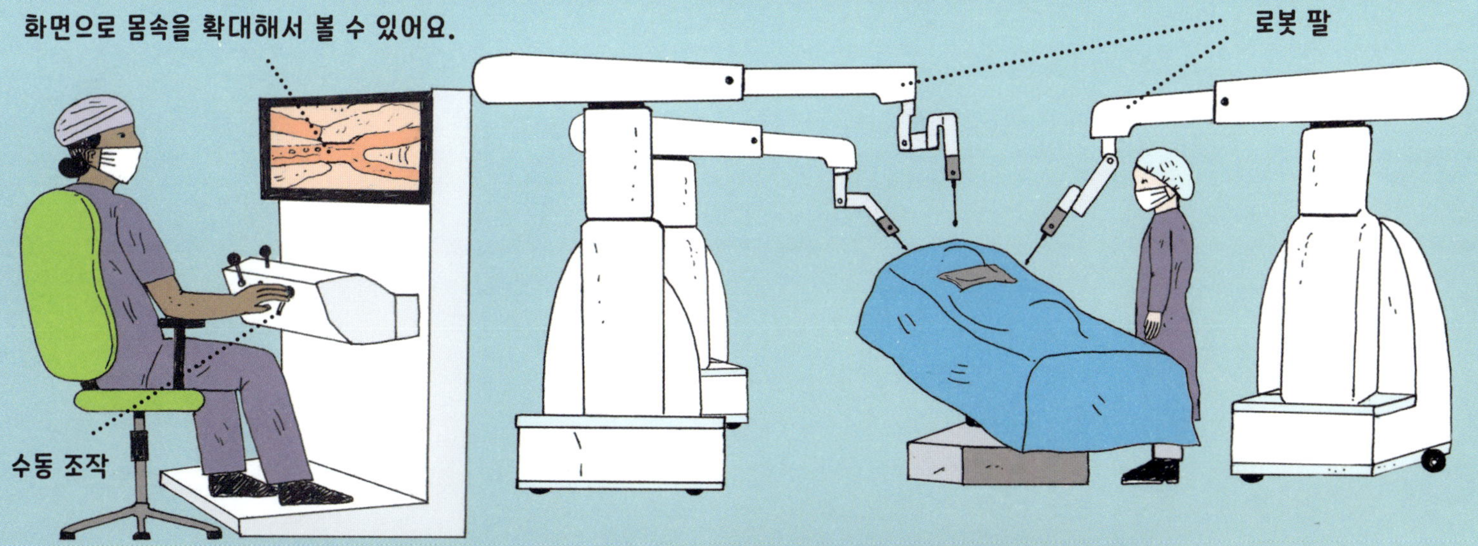

화면으로 몸속을 확대해서 볼 수 있어요.

로봇 팔

수동 조작

실험마당

제자리, 준비!

로봇의 도움을 받더라도 외과 의사에게는 안정된 손놀림이 아주 중요해요.
쉽지 않겠지만 도전해 볼까요? 손과 눈의 협응력을 시험해 보세요.

젓가락으로 완두콩이나
구슬을 하나씩 집어 보세요.

집게로 쌀알을 집어서
빈 병에 떨어뜨려 보세요.

식빵 한 조각에 포크와 나이프로
4개의 창문을 만들어 보세요.

로봇이 하는 일

로봇 슈퍼히어로

위험한 곳으로 출동!
이 슈퍼히어로 로봇들은 구조대원이 들어가기에는
무척 **위험한** 곳에서 활약하고 있어요.

화재 진압용 고압 호스가
물을 세게 뿜어내요.

소방 로봇은 소방관들이
안전한 거리에서 불을 통제하는
동안 화재 지역으로 직접 들어가
화염과 전투를 벌이지요.

불도저로 장애물을 치워 버려요.

카메라

로봇 팔로
잔해를 치워요.

지진 같은 자연재해가 일어났을 때
생존자를 찾기 위해 다양한 **구조 로봇**을 투입해요.
로봇은 위험이 도사린 폐허를 헤치고 다니지요.
덕분에 구조대원들이 안전하게 활동할 수 있어요.

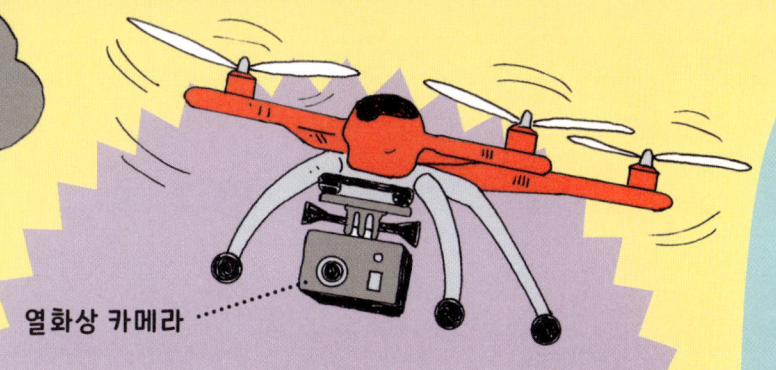

열화상 카메라

비행 로봇 또는 '드론'은 지상의 구조대보다
넓은 지역을 더 빨리 수색할 수 있어요.
열화상 카메라가 달려 있어서
실종된 사람의 체온을 감지하고 수색 팀에
생존자의 이미지를 보낼 수 있지요.

열화상 이미지

최강 탐험대

로봇은 사람이 들어갈 수 없는
극한의 장소를 탐험할 수 있어요.

화산 로봇

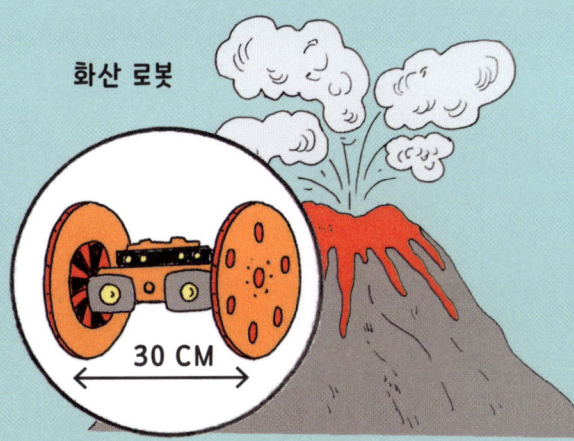

30 CM

이 굴러다니는 작은 로봇은 불타는 화산의
깊은 곳을 탐험하면서 3D 지도를 그렸어요.

하나 건져 올렸어요.

고고학자들은 잠수 로봇을 이용해
사람이 내려갈 수 없는 깊은 바다에 가라앉은
고대 난파선에서 유물을 발굴해요.
전기 케이블로 연결되어 있어서
배에서 조종할 수 있어요.

위험한 상황에서는 빠른 판단과 결정이 필요해.
그래서 사람이 **원격**으로 **조종**해서
구조 로봇을 움직이지.
미래에는 로봇이 스스로 결정하고
탐색하게 될 거야.

로봇이 하는 일

자연을 닮은 로봇

로봇 설계에 문제가 생겼다고요? 로봇 동물이 답을 줄 수 있어요!

동물의 특징

야생 동물은 수백만 년 동안 서서히 변하면서 서로 다른 환경에 몸을 맞춰 왔어요. 로봇 공학자들은 문제가 생기면 자연을 본떠서 해결하는데, 이를 **생체 모방**이라고 하지요.

로봇 팔이 잘 구부러졌으면 좋겠어. 바로 코끼리 코처럼 말이야!

꿀벌 로봇

문제: 환경 오염, 서식지 파괴, 기후 변화 때문에 벌의 수가 크게 줄었어요. 우리가 먹는 과일과 채소는 벌이 꽃가루받이를 해 줘야 잘 자랄 수 있는데 말이에요.

해결책: 꿀벌 로봇을 만들어 꽃들을 돌아다니며 꽃가루를 전달하게 해요.

꿀벌 로봇
4개의 회전 날개
꽃가루 수집용 접착 패드

게 로봇

문제: 바위투성이 지형과 강한 조류 때문에 해저 탐사가 어려워요.

해결책: 게는 낮고 납작한 몸과 넓게 퍼진 다리 덕분에 물살에 잘 쏠려가지 않아요. 거대한 로봇 게를 만들어 난파선을 탐험하거나 오염 물질을 청소할 수 있어요.

뱀 로봇

문제: 보통의 로봇으로는 접근하기 어려운 장소가 있어요.

해결책: 몸이 잘 구부러지는 뱀 로봇을 설계해서 비좁은 틈에 들어가거나 장애물을 건너게 하면 돼요. 파이프 안을 수리해야 할 때, 아니면 다른 행성을 조사하는 일에도 투입할 수 있답니다.

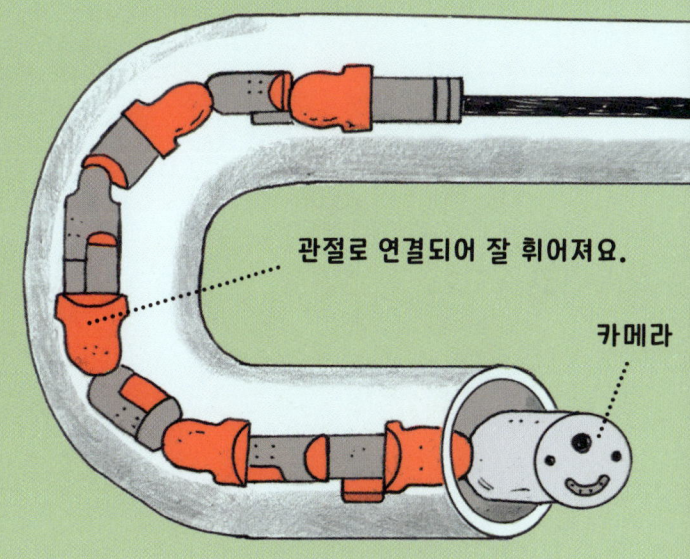

관절로 연결되어 잘 휘어져요.

카메라

친구 로봇

문제: 치료견은 환자가 안정을 찾고 행복하게 해 줘요. 하지만 어떤 사람은 개를 무서워하거나 알레르기가 있지요. 환자들 사이에서 병균을 옮길 수도 있어요.

해결책: 꼬리를 흔드는 로봇 강아지를 만들면 돼요. 얼굴과 목소리를 기억하고 쓰다듬으면 반응해요. 씻기기도 편하지요.

지금까지 진짜 개의 후각에 버금가는 냄새 감지 로봇은 없었어. 훈련 받은 탐지견은 냄새를 쫓아 산사태 생존자는 물론이고 폭탄까지 찾아낼 수 있단다.

35

로봇이 하는 일

우주에서 활약하는 로봇

우주는 공기가 없어서 숨을 쉴 수 없고, 아주 뜨겁거나 춥고, 이동하는 데 오랜 시간이 걸려요.
그럼 우주를 어떻게 탐험할까요? 로봇을 보내면 되지요!

알고 있나요?
지금까지 150대가 넘는 로봇이 우주를 탐험했어요.

저는 사이먼이라고 합니다.
무엇을 도와드릴까요?

사이먼은 '승무원과 소통하는 모바일 동반자'라는 뜻이야.

사이먼은 공중에 떠 있는 친근한 우주 로봇이에요.
국제 우주 정거장에서 바쁘게 일하는 우주 비행사들에게
화면으로 지시 사항을 알려주거나
심부름을 하곤 해요.

국제 우주 정거장

사람 모양의 로봇인 휴머노이드도
국제 우주 정거장에서 지낸 적이 있어요.
공기나 보호용 우주복도 필요 없어서
간단하고 반복적인 작업뿐 아니라
위험한 일도 할 수 있지요.

휴머노이드 로보넛 2는
손이 아주 빨라서
도구를 작동하고
스위치를 누르는
일을 도맡아 했어요.

로보넛2

로봇 대 인간
인공 지능(AI)이 뭐야?

로봇은 사람처럼 생각할 수 없어요. 인공 지능이 장착된 로봇은 어떨까요?

알아야 할 사실들

인간의 지능은 단순히 머리가 좋은 것만을 말하지 않아요.

인간의 지능이란?

- 학습하고 기술을 습득하기
- 추론하고 문제를 해결하기
- 기억력을 사용하여 사물을 이해하기
- 의사소통 능력
- 실수에서 배우기

인공 지능은 위에 있는 인간의 지능 중에서 적어도 한 가지를 하는 컴퓨터 프로그래밍 방식이에요. 하지만 인간의 지능을 모두 갖춘 **일반 인공 지능**은 아직 개발되지 않았어요.

인공 지능은 내비게이션 앱에서부터 검색 엔진까지 우리 주변 어디에나 있어요. 어떤 로봇은 **인공 지능 전문가 시스템**을 장착해서 질병을 진단할 수도 있지요. 이 로봇의 지능이 높아 보이는 것은 진짜 의학 전문가들한테서 얻은 지식을 저장했기 때문이에요. 어쩌면 인공 지능이 더 빠르고 더 정확할 수 있어요!

의료 로봇

로봇 대 인간

정보마당

인간을 이긴 인공 지능!

인공 지능이 **게임**에서 인간을 **이길** 수 있을까요? 그럴 수 있을 것 같은데….

약 250년 전, 실력 있는 체스 선수들을 모두 이긴 **기계 체스 선수**가 나타나 사람들을 깜짝 놀라게 했어요. 정말 대단한 실력자였거든요. 근데 다 속임수였지 뭐예요! 탁자 안에 숨어 있던 사람이 지렛대로 체스 말을 움직였던 거예요.

화장실 가고 싶어 죽겠네!

또 졌네!

1990년에 열린 세계 **체커** 선수권 대회에서 컴퓨터 프로그램 **치누크**가 인간 챔피언을 처음으로 이겼어요. 이 대회에서는 2위에 그쳤지만 2007년에는 무적의 프로그램이 되었답니다.

1997년에는 인공 지능 슈퍼컴퓨터 **딥 블루**가 세계 **체스 챔피언** 가리 카스파로프를 상대로 승리했어요. 딥 블루는 짧은 시간 동안 수백만 가지의 수를 생각한 다음 말을 옮겼지요.

2011년에 인공 지능으로 프로그래밍한 컴퓨터 **왓슨**은 **TV 퀴즈쇼**에서 인간과 대결해서 이겼어요. 인공 지능은 3초도 안 되는 짧은 시간에 정답을 말할 수 있었답니다.

바둑은 체스보다 더 복잡한 게임이에요. 바둑돌도 많고 두는 방법도 훨씬 다양하지요. 2016년에 세계 챔피언 이세돌은 인공 지능 **알파고**에게 패하고 말았어요.

2018년에 로봇은 큐브 퍼즐 세계 기록을 깼어. 단 0.38초 만에 말이야. 인간 '스피드 큐브 선수'의 최고 기록은 약 4~5초이고. 나는 나흘 동안이나 머리를 굴렸는데 말이지.

2019년, 손가락이 민첩한 어느 **로봇 손**이 **큐브 퍼즐**을 풀었어요. 이 로봇의 인공 지능 프로그램은 인간이 배우는 데 1만 년이 걸리는 동작을 학습해야 했어요.

로봇 대 인간

인간을 닮은 로봇

움직임과 생김새가 사람을 닮은 로봇을 만나 볼까요?

휴머노이드

휴머노이드는 **인간의 몸**을 닮았지만 여전히 로봇처럼 보여요. 13쪽에 나오는 레오나르도 다 빈치의 로봇 기사는 최초의 휴머노이드나 다름없지요.

휴머노이드는 **인간의 동작**을 흉내 내고 간단한 행동을 따라 할 수 있어요. 하지만 사람처럼 자연스럽게 움직이지는 못해요.

디지털 비디오 카메라 눈

유연한 움직임을 위해 몸에 관절이 있지요.

아시모

휴머노이드 로봇, **아시모**는 계단을 오르내릴 수 있어요.

아이커브

아이커브를 만나 보세요. 어린아이 크기의 이 휴머노이드는 진짜 아이들처럼 배우고 기억하도록 프로그래밍되었어요. 체스도 두고 심지어 활과 화살도 사용할 수 있답니다.

안드로이드

이 로봇은 사람처럼 보이고 행동하도록 설계되었어요.
사람과 소통하기 위해 만들어졌지요.
안드로이드는 진짜 같은 피부와 머리카락이 있어요.

안드로이드 제미노이드 DK   제미노이드 DK의 사람 모델

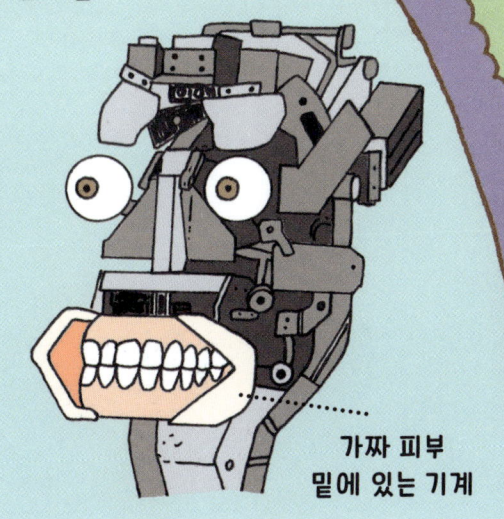

가짜 피부 밑에 있는 기계

얼굴이나 팔처럼 안드로이드의 어떤 부위는 **실제 사람**의 신체를 실리콘으로 본떠서 만들었어요.

소피아는 말하고 웃고 표정을 짓고 농담까지 하는 안드로이드예요.

사람들은 보통 휴머노이드를 귀엽거나 어리숙하게 생각해. 하지만 안드로이드처럼 인간을 똑같이 닮아갈수록 겁을 먹는다는군. 생김새는 비슷해도 진짜 살아 있는 건 아니라서 그럴 거야.

로봇이 가장 좋아하는 음악 장르는?

헤비메탈.

진짜 같지 않음
- 어리숙한 휴머노이드
- 오싹한 꼭두각시 인형
- 으스스한 안드로이드

진짜 같음

로봇 대 인간

인간을 보살피는 로봇

첨단 기술 반려 로봇을 키우거나 로봇 간호사의 보살핌을 받을 준비가 되었나요?

똘똘하게 알아보기: 소셜 로봇

로봇에게는 감정이 없지만 **소셜 로봇**은 사람과 소통하면서 인간의 감정을 인지하거나 반응하도록 학습된 인공 지능이에요.

페퍼가 환자를 맞아주고 있어요.

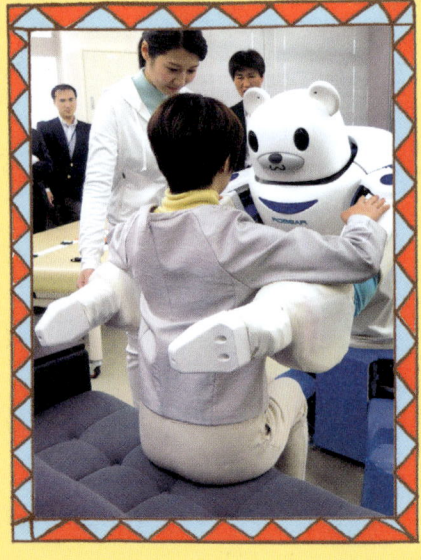

로베어가 환자를 도와 몸을 일으키고 있어요.

소셜 로봇은 **병원**이나 **요양 시설**, 보육 시설에서 도우미, 간병인, 동반자로서 환자와 함께 일해요.

소셜 로봇은 **휴머노이드**나 **안드로이드** 또는 **동물**의 모습을 해요. 사람의 말을 이해하고 접촉에 반응하고 감정을 알아채지요.

반려 로봇 파로가 사람들의 친구가 되어 마음을 편안하게 안정시켜 줘요.

사람을 돌보는 것처럼 로봇을 프로그래밍해도 실제로 보살피는 것과는 차이가 있어. 하지만 그렇게 해서 사람들의 기분이 나아진다면 좋은 일이지. 소셜 로봇 중에서 누가 돌봐 줬으면 좋겠어?

얼굴 표정

사람은 **40개**가 넘는 **얼굴 근육**으로 이마, 눈썹, 코, 입, 눈을 움직여서 기분과 감정을 표현해요.

프로그래머는 소셜 로봇에게 수천 개의 얼굴을 보여주고 표정에 나타난 기분을 가르쳐요. 그렇게 로봇은 사람의 얼굴을 보고 감정을 알아채도록 훈련되지요.

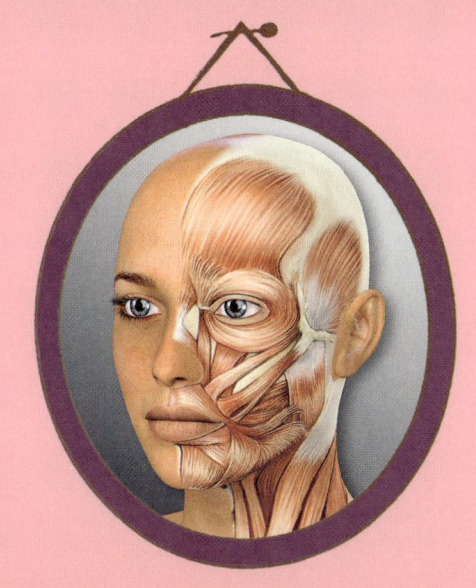

실험 마당

표정으로 말해요
아래의 얼굴이 어떤 감정을 나타내는지 말해 보세요.

1

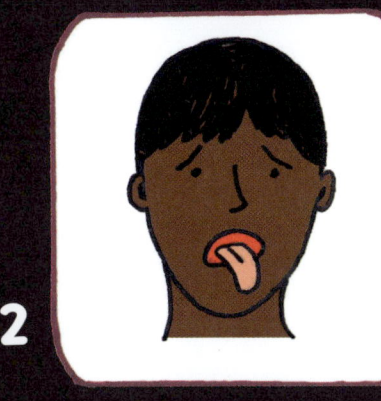
2

3

4

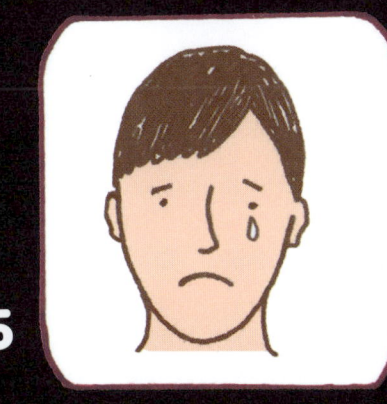
5

6

로봇의 예체능

인공 지능이 창작한 예술

기계에도 창의력이 있을까요?

프로그래머는 인공 지능이 예술 작품을 창작하도록 훈련할 수 있어요. 인공 지능에게 수천 가지의 이미지를 보여준 다음 스스로 작품을 만들게 하지요. 하지만 그게 진짜 창의력일까요?

인공 지능이 만들어 낸 예술 작품

인간이 만든 작품 V. 기계가 만든 작품

인간은 예술을 통해 **감정**과 **생각**을 **표현**해요. 인간이 창조한 작품에는 목적과 의미가 있지요.

기계는 감정도 아이디어도 없어요. 하지만 기존의 **아이디어**를 **재조합**해서 새롭게 만들 수 있지요.

이 여인의 미소를 그림에 담아내야 할텐데....

인간은 자신의 주변 세계와 다른 사람의 창조적인 작품을 보고 **영감**을 얻어요.

인공 지능도 예술작품에서 영감을 얻어요. 하지만 어떤 작품에서 영감을 얻게 할지 **결정**하는 건 **프로그래머**예요.

<<< 인공 지능을 자세히 알고 싶다면 38쪽을 다시 살펴보세요.

인공 지능은 자기 작품을 출력할 때 3D 프린터를 사용해. 3D 프린터는 잉크로 얇은 층을 여러 겹 쌓아서 붓질의 울퉁불퉁한 질감을 표현하지.

인공 지능이 그린 이 초상화는 경매에서 432,500달러에 팔리는 기록을 세웠어요. 무려 15,000점의 다른 초상화를 보고 영감을 받아서 그린 작품이라고 해요.

안드로이드 예술가

세계 최초의 로봇 예술 작품은 **아이다**(AI-DA)가 그렸어요. 인공 지능으로 움직이는 진짜 사람 같은 안드로이드지요.

아이다는 눈에 **카메라**가 달려 있어요. 거울을 보며 자신의 얼굴에서 특징을 찾은 다음, **로봇 팔**로 펜이나 연필을 들고 종이에 자화상을 그려요.

로봇의 예체능

정보마당 ☁️ 로봇의 공연

로봇의 공연을 감상해볼까요? 무대에 선 오토마타의 로봇 친척들을 만나 보세요.
지금부터 공연 로봇들의 멋진 무대가 펼쳐질 거예요.

첫 번째 무대는 **플루트 연주 로봇**이에요.
인공 허파를 이용해 공기를 불어 넣고
기계 혀와 입술이 플루트를 불지요.

여러분, 제 새 앨범 들어보셨나요?

싱어송라이터 **시몬**을 반갑게 맞아 주세요!
4개의 팔로 마림바를 치지요.
재즈 밴드와 함께 즉흥곡까지
연주할 수 있어요.

시몬은 **랩 배틀**에 참여한 최초의 로봇이에요.
그 자리에서 가사를 생각해 내서
실제 래퍼와 맞대결을 벌였답니다.

<<< **오토마타**를 자세히 알고 싶다면 12쪽을 다시 살펴보세요.

다음 무대의 주인공은 로봇 배우이자 진행자인 **로보테스피안**이에요. 무대에서 이야기와 노래를 하도록 프로그래밍되었고 표정과 동작도 자유자재로 표현할 수 있지요.

훌륭한 춤 동작으로 유명한 로봇 **아틀라스**도 기대해 주세요. 날렵한 몸으로 뛰어오르고 구르고 360도 공중회전까지 문제없답니다!

전 한 번도 대사를 까먹은 적이 없어요.

이 로봇들은 우리를 재미있게 해 주지만 새로운 로봇 기술을 시험할 때도 도움을 줘. 예를 들어 아틀라스는 수색과 구출 작업을 위해 개발되었지.

크앙!

으악!

마지막으로 무시무시한 **애니매트로닉스 공룡**을 만나 볼까요? 진짜를 꼭 닮은 이 공룡들은 박물관 전시장에 생기를 불어넣어요. 어떤 공룡은 동작 감지기가 있어서 방문객이 가까이 오면 반응하기도 해요.

진짜 같은 공룡 피부 밑에 강철로 된 뼈대와 기계가 숨어 있어.

49

로봇의 예체능

로봇 운동선수

각종 스포츠로 로봇의 기량을 시험해 봐요!

똘똘하게 알아보기: 로봇 축구

로봇은 **규칙**을 아주 잘 **지켜요**. 하지만 축구 같은 스포츠를 하려면 다른 로봇들과 한 **팀**으로 움직이는 법을 가르쳐야 해요.

매년 열리는 로봇 월드컵에는 전 세계 로봇 팀이 참가해서 실력을 겨뤄요.

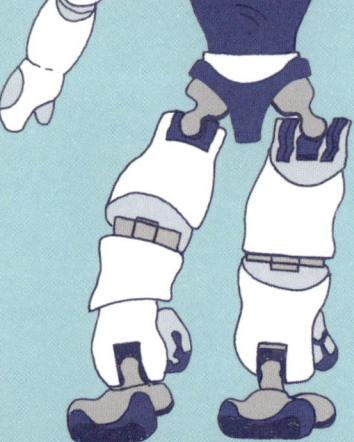

축구공 감지. 내 위치는 어디인가? 패스할 것인가, 슛을 할 것인가? 골대는 어디에 있는가? 우리 팀은 어디에 있는가?

로봇 선수를 위한 프로그램

생각하기:
로봇 선수는 인공 지능을 사용해 판단하고 결정을 내려요.

의사소통:
스피커, 마이크, 조명, 와이파이로 로봇끼리 메시지를 주고받아요.

감각 기관:
각종 감지기로 거리를 측정하여 위치를 알려주고 경기장과 공을 '느끼게' 해 줘요.

로봇이 인간 축구팀을 이기려면, 더 빨리 **움직이고 반응하며** 다음에 일어날 일까지 **예측**할 수 있어야 해요.

<<< 로봇 감지기(센서)를 자세히 알고 싶다면 20쪽을 다시 살펴보세요.

일대일 종목

로봇 스모 대회에서는 **스모 로봇** 둘이 겨루어서 상대를 먼저 원 밖으로 밀어내는 쪽이 이겨요. 감지기를 이용해서 상대방을 찾지요.

탁구 로봇은 다리로 뛰어다니는 대신 긴 로봇 팔을 이용해서 공을 받아쳐요. 탁구 로봇 **포르페우스**는 사람을 이길 정도로 반응이 아주 빨라요.

개인 기술

로봇은 사람의 몸동작을 따라하도록 프로그래밍할 수 있어요.

실험 마당

농구 로봇 **큐3**는 한 번도 실수하지 않고 2,000번 이상 골을 넣을 수 있어요!

종이를 구겨서 공처럼 뭉친 다음 다섯 발짝 떨어진 곳에서 휴지통 안에 던져 넣어 보세요. 연속으로 몇 번이나 성공했나요?

왜 그럴까?

로봇은 같은 동작을 계속 반복할 수 있어. 그래도 지루해하거나 주의가 흐트러지지 않지. 사람은 몸의 여러 부위를 잘 조정하면서 집중하고 전념해야 목표를 이룰 수 있어.

로봇과 미래 사회

도로 위의 로봇

자, 미래로 떠날 준비를 해 볼까요? 로봇 자동차 시대가 눈앞에 있어요!

알아야 할 사실들

과학자와 기술자들이 자율 주행 자동차를 개발하고 있어요. **무인 자동차**라고도 하지요. 자율 주행 자동차의 작동 원리를 알아볼까요?

GPS(위성 위치 확인 시스템)
자동차의 현재 위치를 알려 줘요.

라이다
레이저 감지기예요. 자동차 주변을 360도 회전하면서 사진을 찍어요.

마이크
사이렌 소리, 자동차 경적 등 소리를 수집해요.

비디오카메라
신호등, 표지판, 움직이는 물체를 감지해요.

레이더 감지기
물체에 전파를 쏘아 튕겨 나오는 것을 감지해서 차량 간 거리를 측정해요.

컴퓨터
다음에 일어날 일을 예측하는 프로그램이 장착되어 있지요.

1. 자율 주행 자동차는 **인공위성**이 보내는 신호와 지도를 사용해 자신의 위치를 알 수 있어요. 이를 GPS라고 하지요.

2. 라이다, 레이더, 비디오카메라, 마이크 등의 각종 **감지기**를 사용해서 주위 환경을 확인해요.

3. 자율 주행 자동차의 컴퓨터는 **인공 지능**을 사용해요. 입력된 운전 지식과 감지기에서 수집한 정보로 결정을 내리지요.

교통사고의 90퍼센트 이상이 사람의 실수로 일어나. 자율 주행 자동차가 늘어날수록 도로는 더 안전해질지도 몰라.

우지직!

자율 주행 자동차는 소리를 어떻게 듣지?

마이크가 있잖아.

로봇 자동차의 장단점

- ✔ 사고가 덜 일어나요.
- ✔ 보복 운전 등의 운전자 폭행 사건이 일어나지 않아요.
- ✔ 장애인과 노약자에게 좋은 운송 수단이에요.
- ✔ 주차를 알아서 해 줘서 시간을 절약할 수 있어요.
- ✔ 자동차가 운전하는 동안 사람은 차 안에서 일하거나 쉴 수 있어요.

- ✘ 운전기사가 일자리를 잃어요.
- ✘ 어떤 날씨(예: 눈이 오는 날)에는 감지기가 잘 작동하지 않아요.
- ✘ 사람들이 운전하는 법을 잊어버리게 돼요.

문제: 만약 자율 주행 자동차가 충돌한다면 **누구**의 **책임**일까요? 자동차 제조 회사? 인공 지능? 승객?

자율 주행 트랙터

이미 큰 농장에서는 자율 주행 기술을 이용해 농작물을 심고 거두고 있어요.
밭은 자율 주행 트랙터가 다니기에 아주 좋지요.
천천히 이동할 수 있고 충돌할 차도 없으니까요.

매애애애! 매애애애!

삡! 삡!

로봇과 미래 사회

정보마당

미래의 로봇

곳곳에서 활약 중인 놀라운 로봇들을 소개할게요.
로봇은 사람들이 지구에서 더 나은 삶을 살도록 도와줄 거예요.

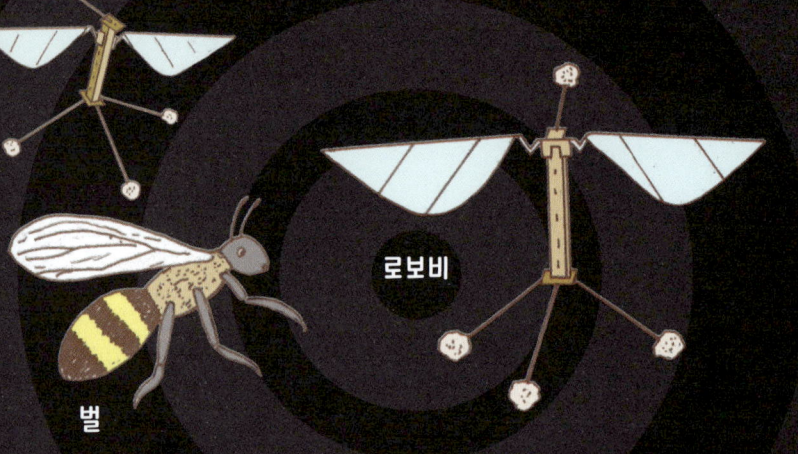
벌
로보비

벌 떼나 개미 떼처럼 **무리** 지어 **일**하는
소형 **군집 로봇**이 개발되고 있어요.
이 로봇은 동전 크기만큼 작지만 넓은 경작지를
함께 돌아다니며 꽃가루를 나르게 될 거예요.

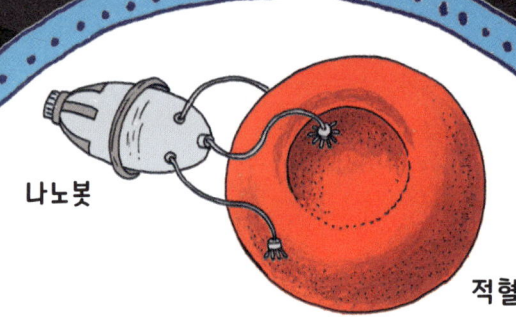
나노봇
적혈구

언젠가는 의사가 초소형 로봇인 **나노봇**을
환자의 몸에 주입할 수도 있어요.
적혈구보다 작은 이 로봇은 몸안의 세균이나
바이러스, 암세포와 싸우게 될 거예요.

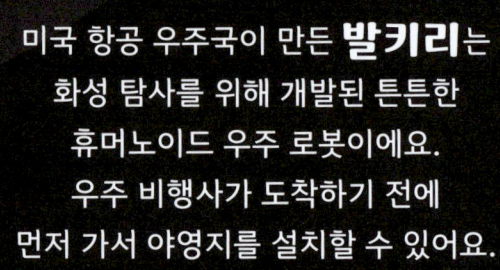

미국 항공 우주국이 만든 **발키리**는
화성 탐사를 위해 개발된 튼튼한
휴머노이드 우주 로봇이에요.
우주 비행사가 도착하기 전에
먼저 가서 야영지를 설치할 수 있어요.

착용형 로봇은 인간의 힘을 키우거나 걷는 데 어려움이 있는 사람을 돕고 있어요. 미래에는 모든 사람이 착용형 로봇으로 에너지를 절약할지도 몰라요.

와, 깃털처럼 가볍네.

엄지손가락아, '보내기' 눌러 줘.

미래에는 반려 로봇이 귀여운 동물 친구들을 대신하게 될까? 로봇 강아지야, 산책 갈 시간이야!

로봇 팔다리가 잃어버린 팔이나 다리를 대신할 수 있어요. 미래에는 사람의 생각만으로도 완벽하게 동작을 조절하게 될 거예요.

알고 있나요?
몸의 일부를 로봇으로 대체한 사람을 사이보그라고 불러요.

55

로봇과 미래 사회

로봇이 세상을 지배한다면?

언젠가는 인공 지능을 지닌 로봇이 인간보다 더 똑똑해지는 날이 올 수도 있어요. 이처럼 인공 지능이 인간 지능을 넘어서는 때를 **기술적 특이점**이라고 해요. 그렇게 되면 많은 문제가 발생할 거예요.

명령하는 로봇

인공 지능이 인간의 통제를 벗어날 만큼 발전하면 결국 우리가 로봇을 위해 일하게 될 거라고 우려하는 전문가도 있어요.

난 너무 똑똑해서 얼거지 같은 건 안 해!

로봇도 헷갈릴 수 있어

인간이 문제라고 생각하는 전문가도 있지요. 로봇은 명령을 따르도록 프로그래밍되어 있어요. 그런데 만약에 인간이 로봇에게 불법적인 일을 시키면 어떻게 될까요?

꽃 좀 꺾어 줄래?

꽃을 꺾지 마시오.

잘못된 결정을 내리는 로봇

로봇도 프로그램에 따라 결정을 내릴 수 있어요. 하지만 적절한 정보를 입력하지 않으면 옳지 않은 결정을 내릴 수도 있어요.

미안하지만 반려동물은 들어올 수 없어!

가장무도회

미래에 로봇이 생각하고 느끼게 된다면 그때는 로봇도 인간처럼 권리를 보장받아야 할까? 아니면 로봇은 그저 기계로 만든 일꾼에 불과한 걸까?

로봇 법칙

과학 소설 작가 아이작 아시모프는 로봇과 인간이 함께 안전하게 살아가는 데 필요한 세 가지 원칙을 제안했어요.

로봇의 3원칙

1. 로봇은 인간을 해치면 안 된다. 또한 인간이 해를 입는 것을 보고만 있어도 안 된다.
2. (제1원칙을 어기지 않는 한) 인간에게 복종해야 한다.
3. (제1원칙과 제2원칙을 어기지 않는 한) 자기 자신을 보호해야 한다.

미래의 로봇에게 어떤 **규칙**을 프로그래밍하고 싶은가요?

나만의 로봇 법칙

1. 내 방에 들어오지 않는다.
2. 내 스케이트보드를 빌리지 않는다.
3. 내 숙제를 대신했다고 이르지 않는다.
4. ...

역사를 빛낸 로봇들

태엽 장난감부터 놀라운 안드로이드까지, 역사를 빛낸 로봇들을 만나 보세요.

음악가, 1774년경
음악가 같은 오토마타는 최초의 로봇이었어요. 태엽 장치로 여러 가지 일을 하게 만들 수 있었지요.

샤키, 1966년
샤키는 최초로 인공 지능이 내장된 로봇이에요. 카메라와 충돌 감지기를 사용해 장애물을 요리조리 피해서 돌아다녔지요.

일렉트로, 1938년
전기가 사용되면서 로봇은 더 많은 일을 할 수 있게 되었어요.

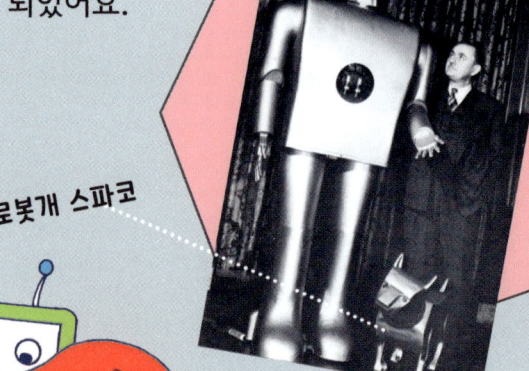

로봇개 스파코

1966년에 유니메이트는 TV에 나와 골프공을 치는 재주를 선보였어요.

전기를 동력으로 사용한 덕분에 일렉트로는 걷고, 말하고, 음성 명령에 반응하고 심지어 풍선도 불 수 있었어!

유니메이트, 1961년
유니메이트는 산업용 로봇이에요. 공장에서 로봇 팔로 용접을 하거나 무거운 자동차 부품을 쌓는 일을 했지요.

58

딥 스페이스 1호, 1998년

이 무인 우주선은 우주 탐사선의 커다란 발전을 상징해요. 인공 지능 소프트웨어가 장착되어 인간의 도움 없이도 많은 문제를 해결할 수 있었거든요.

아이보, 1999년

플라스틱 강아지 아이보를 시작으로 반려 로봇이 유행하게 되었어요. 자기 이름을 알고 명령에 반응해요. 쓰다듬을 수 있고 장난감을 가지고 놀아요.

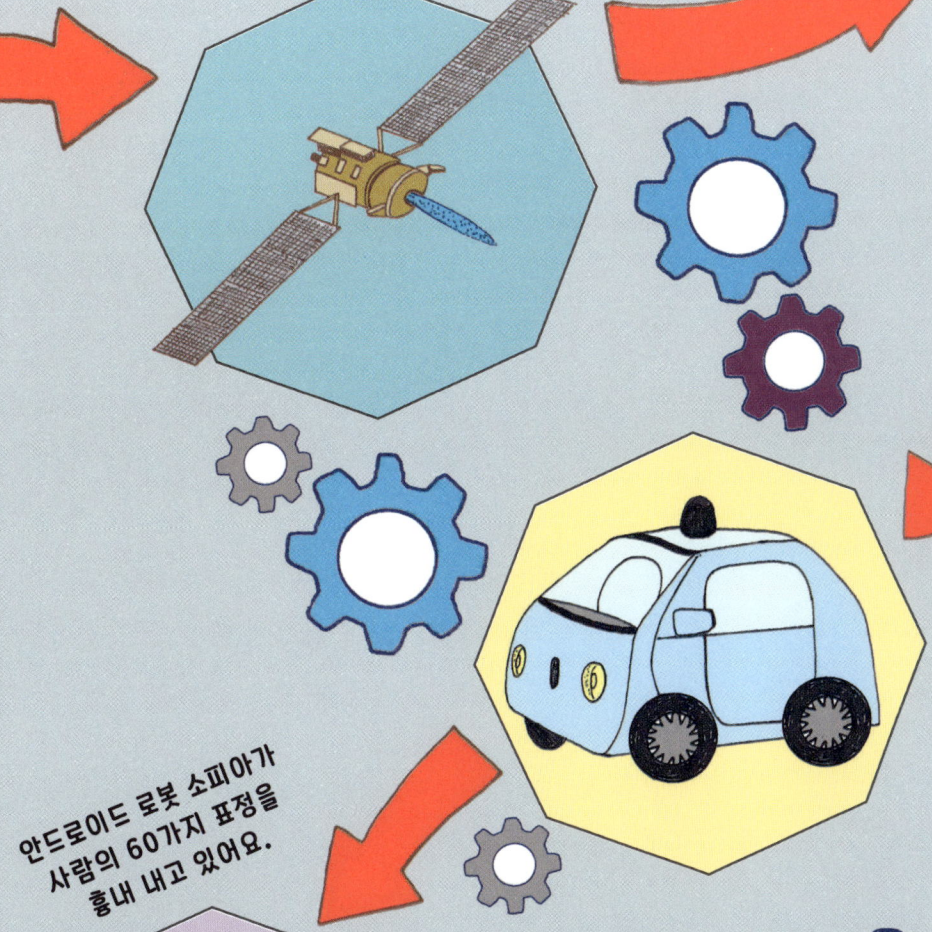

파이어플라이, 2015년

도로를 달린 최초의 자율 주행 자동차예요. 운전대도 없고 페달도 없었지요.

안드로이드 로봇 소피아가 사람의 60가지 표정을 흉내 내고 있어요.

디지트, 2019년

이 로봇은 사람이 가는 곳이면 어디든 갈 수 있어요. 창고에서 물건을 들어 올리거나 운반하는 일을 하게 될 거예요. 미래에는 집 앞으로 소포를 배달할 수도 있어요!

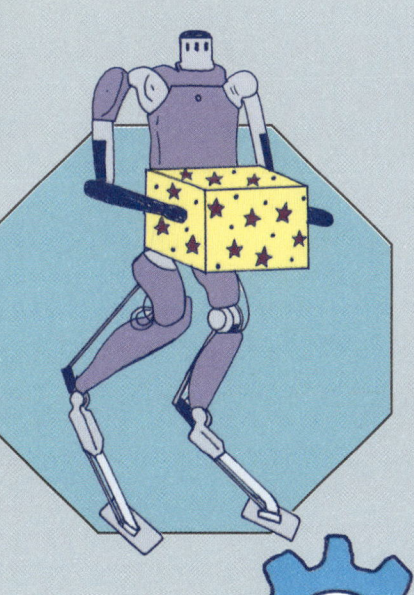

소피아, 2016년

소피아는 생김새와 행동이 진짜 사람 같은 최초의 안드로이드 로봇이에요.

낱말 풀이

3D 프린터
3D 프린터는 플라스틱이나 그 밖의 물질을 한 겹씩 쌓아 올려 고체 형태의 물건을 인쇄할 수 있다.

GPS(위성 위치 확인 시스템)
우주에 떠 있는 인공위성에서 보내는 신호를 이용해 디지털 지도로 현재 위치를 확인해주는 장비.

감지기(센서)
로봇에게 위치와 주변 세계에 대한 정보를 알려주는 장치. 인간의 감각기관에 해당한다.

기술적 특이점
언젠가 미래에 인공 지능이 자신을 창조한 인류보다 더 똑똑해질 수도 있다. 그런 상황을 기술적 특이점이라고 부른다.

나노봇
크기가 아주 작은 로봇으로 사람의 몸에 들어가 치료하는 일을 하도록 개발되었다.

드론
날아다니는 로봇의 일종. 사람이 원격으로 조종하거나 완전히 자동으로 작동하기도 한다. 드론은 보통 땅에서 벌어지는 일들을 관찰할 때 사용된다.

디지털
0과 1의 이진법으로 표시된 정보를 처리하는 방식.

산업용 로봇
공장에서 무거운 짐을 들거나 생산품 조립처럼 단순한 일을 하도록 설계된 로봇.

생체모방
로봇 공학자들이 자연에서 착안한 동물의 신체 부위나 동작 방식을 따라 로봇을 만드는 것.

소셜 로봇
인간과 교류하고 반응하는 인공 지능. 사람들과 함께 일할 수 있다. 사람들을 돌보는 일을 하기도 한다.

안드로이드
인간처럼 생기고 움직이고 인간과 상호 작용하게 설계된 로봇.

알고리즘
해야 할 일을 단계별로 나누어 적은 지시 목록.

오토마타
사람이나 동물의 움직임을 흉내 내는 기계 모형. 현대의 로봇과 달리 주위 환경을 감지하거나 반응하지 않는다.

원격 조종
어떤 로봇은 사람이 멀리서 조작할 수 있게 만들어졌다.

이진법
0과 1만 사용하여 정보를 암호화하는 수 체계로 컴퓨터가 이해하는 언어이다.

인공 신경망
기계가 지능이 필요한 일을 할 수 있게 하는 컴퓨터 프로그램.

일반 인공 지능
대부분의 인공 지능 프로그램은 제한되고 특수한 과제만 맡아서 한다. 하지만 일반 인공 지능은 사람처럼 유연하게 생각할 수 있다.

인공 지능
기계가 지능이 필요한 일을 할 수 있게 하는 컴퓨터 프로그램.

자외선
가시광선보다 파장이 짧은 전자기파. 살아 있는 생물에게 해롭기 때문에 병균을 죽이는 데 쓰인다.

자율 주행 자동차
무인 자동차라고도 한다. 스스로 운전하도록 개발된 로봇 자동차.

작동기(액추에이터)
로봇을 움직이게 하는 기계 장치. 대표적인 예로 바퀴를 돌리는 전기 모터가 있다.

전문가 시스템
전문가의 지식을 저장한 일종의 인공 지능. 그 정보를 사용해서 의사 결정을 한다.

컴퓨터 프로그램
컴퓨터가 정보를 처리하여 일을 할 수 있게 하는 명령 목록. 프로그램을 모아 놓은 것을 소프트웨어라고 한다.

코드
프로그래머가 컴퓨터에 지시를 내릴 때 사용하는 언어. 코드로 작성된 프로그램이 로봇에게 무슨 일을 어떻게 할지 알려준다.

휴머노이드
사람의 모습을 하고 두 발로 걷는 로봇. 하지만 여전히 로봇처럼 보인다.

정답을 알려 주세요!

10 로봇을 찾아라!

1. **자판기**는 한 가지 일만 하고 다른 프로그래밍을 할 수 없어요. 그래서 보통 자동화 기계라고 하지요. 정답: 로봇 아님.

2. **주차 차단기**는 감지기가 있고 생김새도 로봇 팔을 닮았어요. 하지만 한 가지 일만 가능하고 다른 일을 하도록 프로그래밍할 수 없어요. 정답: 로봇 아님.

3. **세탁기**는 빨래하도록 프로그래밍할 수 있지만 그게 다예요. 세탁기 프로그래밍은 알람 시계 맞추는 것과 크게 다르지 않거든요. 정답: 로봇 아님.

4. 어떤 **드론**은 스스로 결정을 내릴 수 있어서 로봇에 가까워요. 하지만 원격 조종 장난감에 불과한 드론도 있지요. 정답: 로봇인 것도 있고 로봇이 아닌 것도 있음.

5. **자동 잔디깎이**는 한 가지 일을 특정한 장소에서만 해요. 아주 똑똑하지는 않지만 결정을 내릴 수 있지요. 정답: 로봇임.

6. **자율 주행 자동차**는 여전히 위급한 상황을 대비해 운전할 사람이 필요하지만 스스로 결정을 내릴 수 있어요. 정답: 로봇임.

7. 이 **원격 조종 보트**는 사람이 조작하는 대로만 돌아다녀요. 정답: 로봇 아님.

8. **컴퓨터**는 수많은 진짜 로봇의 '두뇌'예요. 하지만 컴퓨터가 로봇은 아니지요. 몸이 없고 한 자리에 고정되어 있기 때문이에요. 정답: 로봇 아님.

9. **스마트 스피커**나 디지털 보조 장치는 사람의 말을 이해하는 것처럼 보이지만 사실 자동으로 반응하는 거예요. 정답: 로봇 아님.

10. **의료용 로봇**이라고도 해요. 그럼 바로 답을 알겠지요? 정답: 로봇임(영화에 나오는 로봇처럼 사람을 많이 닮아서 아마 쉽게 답을 맞혔을 거예요).

16 로봇의 동작 부위

타조는 이족 보행 로봇에 영감을 주었어요.
물고기는 야생 동물 위장 로봇에 영감을 주었어요.
곤충은 헥사포드 로봇에 영감을 주었어요.

27 미로찾기

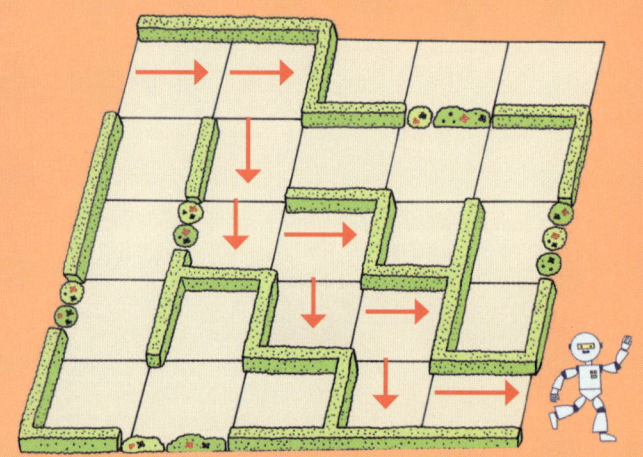

45 표정으로 말해요

참고할 웹사이트

미국 항공 우주국(NASA) 우주 로봇   spaceplace.nasa.gov/space-robots
코드 클럽 월드(무료 코딩 게임 사이트)   codeclubworld.org
타이니 봅(가상 로봇 제작 앱)   tinybop.com/apps/the-robot-factory
스테메츠(여자아이들을 위한 게임 및 모바일 앱 제작)   stemettes.org/girls

찾아보기

3D 프린터 47, 60
감지기 20-21, 22, 35, 49, 52-53, 60
게임 40-41
공연 로봇 48-49
기계 10-11
기계학 14-15, 16-17
기술적 특이점 56-57, 60
나노봇 54, 60
뇌 22-23, 39
동물 로봇 34-35, 44
드론 33, 60
로봇 공포증 9
로봇 제작 14-15, 19
로봇 팔다리 55
로봇 공학의 3원칙 57
로봇 손 19
로봇의 역사 58-59
로봇이 하는 일 28-29, 30-31, 32-33
마이크로제어장치 22
미래의 로봇 54-55
병원에서 일하는 로봇 30-31, 44
사실들 6-7, 8-9
생체모방 16, 34-35, 60
소방 로봇 32
소셜 로봇 44-45, 61
숨은 로봇 찾기 10-11
스포츠 50-51
안드로이드 43, 44, 47, 59, 60
알고리즘 25, 60
엔드 이펙터 18-19
예술 46-47
오토마타 12-13, 14-15, 58, 60
우주 로봇 7, 36-37, 54

원격 조종 33, 60
음악 48
이진법 24, 25, 61
인공신경망 39, 61
인공 지능 38-39, 40-41, 56-57, 60, 61
자동차 52-53, 59
착용형 로봇 55
캠 14
컴퓨터 22, 23, 24, 25, 39, 61
코드 22, 24, 25, 61
탐험가 33
튜링 테스트 39
프로그래밍 22, 23, 25, 26-27, 46
휴머노이드 6, 36, 42, 43, 44, 61

북극곰 궁금해 시리즈 21

로봇과 인공 지능

2023년 8월 28일 초판 1쇄

글 폴 비르 ‖ 그림 해리엇 러셀 ‖ 자문 제임스 로이드 ‖ 옮김 조은영 ‖ 감수 배준범
편집 유순원, 정은주, 이루리 ‖ 디자인 이향령, 양태종, 모수진 ‖ 마케팅 이경화, 신유정, 정용수
펴낸이 이순영 ‖ 펴낸곳 북극곰 ‖ 출판등록 2009년 6월 25일 (제 300-2009-73호)
주소 서울시 마포구 독막로 320 B106호 북극곰 ‖ 전화 02-359-5220 ∥ 팩스 02-359-5221
이메일 bookgoodcome@gmail.com ‖ 홈페이지 www.bookgoodcome.com
ISBN 979-11-6588-287-7 77400 | 979-11-89164-60-7 (세트) ‖ 값 17,000원

Published by arrangement with Thames & Hudson, London,
The Brainiac's Book of Robots and AI © (as in the Proprietor's edition)
This edition first published in Korea in 2023 by Bookgoodcome, Seoul,
Korean edition © 2023 Bookgoodcome

이 책의 한국어판 저작권은 저작권자와의 독점 계약으로 북극곰에 있습니다.
저작권법에 의해 한국 내에서 보호를 받는 저작물이므로 무단 전재와 복제를 금합니다.

제품명 : 도서 | 제조자명 : 북극곰 | 제조국명 : 중국 | 사용연령 : 3세 이상
주의! 책 모서리가 날카로우니, 던지거나 떨어뜨려 다치지 않도록 주의하세요.

사진 출처

10쪽 위: nonia/Shutterstock
10쪽 왼쪽 아래: UlfsFotoart/Shutterstock
10쪽 가운데 아래: Gorodenkoff/Shutterstock
10쪽 오른쪽 아래: Iurii Osadchi/Shutterstock
11쪽 왼쪽 위: Tutto/Shutterstock
11쪽 가운데 위: ChiccoDodiFC/Shutterstock
11쪽 오른쪽 위: Aerial-motion/Shutterstock
11쪽 왼쪽 아래: Gorodenkoff/Shutterstock
11쪽 가운데 아래: Proxima Studio/Shutterstock
11쪽 오른쪽 아래: Mariam Doerr Martin Frommherz/Shutterstock
20쪽 오른쪽 위: Pixel Enforcer/Alamy
20쪽 왼쪽: 25krunya/Shutterstock
20쪽 가운데: Audrius Merfeldas/Shutterstock
20쪽 왼쪽 아래: Photo Kate Haynes
20쪽 오른쪽 아래: pdsci/Shutterstock
21쪽 가운데: Maximaillian Cabinet/Shutterstock
24쪽 오른쪽 위: GL Archive/Alamy
24쪽 왼쪽 아래: GL Archive/Alamy
24쪽 오른쪽 아래: GRANGER - Historical Picture Archive/Alamy
25쪽 왼쪽 위: Anonymous, Portrait of Augusta Ada King-Noel, Contess of Lovelace, 1840. IanDagnall Computing/Alamy
25쪽 왼쪽 아래: Pictorial Press Ltd/Alamy
39쪽 아래: Science History Images/Alamy
42쪽 오른쪽: catwalker/Shutterstock
42쪽 왼쪽 아래: Antonello Marangi/Shutterstock
43쪽 위: EUTERS/Juan Carlos Ulate/Alamy

43쪽 아래: Anton Gvozdikov/Shutterstock
44쪽 오른쪽 위: BSIP SA/Alamy
44쪽 왼쪽: Newscom/Alamy
44쪽 오른쪽 아래: ROBOT-SEAL/REUTERS/Kim Kyung-Hoon/Alamy
45쪽 위: Derya Cakirsoy/Shutterstock
46쪽 위: Oxia Palus in the style of Gustav Klimt and Vincent van Gogh, No. 5 - The Night Kiss - Origins, II, 2021. Oxia Palus(2021)
46쪽 왼쪽, 46쪽 왼쪽 가운데: Leonardo da Vinci, Mona Lisa, 1503. Musée du Louvre, Paris
46쪽 오른쪽 가운데: Katsushika Hokusai, The Great Wave, 1830-33. Art Institute Chicago. Clarence Buckingham Collection
46쪽 오른쪽: Vincent van Gogh, Sunflowers, 1889. Oil on canvas, Philadelphia Museum of Art. The Mr. and mrs. Carroll S. Tyson, Jr., Collection, 1963
47쪽 위: Obvious, Portrait of Edmond de Belamy, 2018. Obvious-@obvious-dart
47쪽 왼쪽 아래: Ai-Da Robot, Ai-Da Robot Paints Queen Elizabeth II - making history as the first humanoid robot to paint Royalty, 2022. Copyright© Aidan Meller www.ai-darobot.com
47쪽 오른쪽 아래: Ai-Da Robot, Ai-Da Robot looks into a mirror to create a self portrait - what does it mean to be a "self", 2022 Copyright© Aidan Meller www.ai-darobot.com
50쪽: Imaginechina Limited/Alamy
51쪽 아래: Aflo Co. Ltd./Alamy
53쪽 아래: Scharfsinn/Alamy
54쪽: World History Archive/Alamy
55쪽 오른쪽 위: Gorodenkoff/Shutterstock
55쪽 왼쪽: UfaBizPhoto/Shutterstock
58쪽 가운데: Science History Images/Alamy
59쪽 위: John Muggenborg/Alamy
59쪽 아래: Anton Gvozdikov/Shutterstock